I0182416

詩經

Classic of Poetry

周公

Zhou Gong

詩經

Copyright © JiaHu Books 2014
First Published in Great Britain in 2014 by Jiahu Books – part of Richardson-Prachai Solutions Ltd, 34 Egerton Gate, Milton Keynes, MK5 7HH
ISBN: 978-1-78435-044-4
Conditions of sale
All rights reserved. You must not circulate this book in any other binding or cover and you must impose the same condition on any acquirer.
A CIP catalogue record for this book is available from the British Library
Visit us at: jiahubooks.co.uk

國風

蕭雅

001 周南·關雎

關關雎鳩。在河之洲。
窈窕淑女。君子好逑。

參差荇菜。左右流之。
窈窕淑女。寤寐求之。

求之不得。寤寐思服。
悠哉悠哉。輾轉反側。

參差荇菜。左右采之。
窈窕淑女。琴瑟友之。

參差荇菜。左右芼之。
窈窕淑女。鍾鼓樂之。

002 周南·葛覃

葛之覃兮。施于中谷。維葉萋萋。
黃鳥于飛。集于灌木。其鳴喈喈。

葛之覃兮。施于中谷。維葉莫莫。
是刈是濩。為絺為綌。服之無斁。

言告師氏。言告言歸。
薄污我私。薄澣我衣。
害澣害否。歸寧父母。

003 周南·卷耳

采采卷耳。不盈頃筐。

嗟我懷人。寘彼周行。

陟彼崔嵬。我馬虺隤。
我姑酌彼金罍。維以不永懷。

陟彼高岡。我馬玄黃。
我姑酌彼兕觥。維以不永傷。

陟彼砠矣。我馬瘏矣。
我僕痡矣。云何吁矣。

004 周南·樛木

南有樛木。葛藟累之。
樂只君子。福履綏之。

南有樛木。葛藟荒之。
樂只君子。福履將之。

南有樛木。葛藟縈之。
樂只君子。福履成之。

005 周南·螽斯

螽斯羽。詵詵兮。
宜爾子孫。振振兮。

螽斯羽。薨薨兮。
宜爾子孫。繩繩兮。

螽斯羽。揖揖兮。
宜爾子孫。蟄蟄兮。

006 周南·桃夭

桃之夭夭。灼灼其華。
之子于歸。宜其室家。

桃之夭夭。有蕡其實。
之子于歸。宜其家室。

桃之夭夭。其葉蓁蓁。
之子于歸。宜其家人。

007 周南·兔罝

肅肅兔罝。椓之丁丁。
赳赳武夫。公侯干城。

肅肅兔罝。施于中逵。
赳赳武夫。公侯好仇。

肅肅兔罝。施于中林。
赳赳武夫。公侯腹心。

008 周南·芣苢

采采芣苢。薄言采之。
采采芣苢。薄言有之。

采采芣苢。薄言掇之。
采采芣苢。薄言捋之。

采采芣苢。薄言袺之。
采采芣苢。薄言襭之。

009 周南·漢廣

南有喬木。不可休息。
漢有游女。不可求思。
漢之廣矣。不可泳思。
江之永矣。不可方思。

翹翹錯薪。言刈其楚。
之子于歸。言秣其馬。

漢之廣矣。不可泳思。
江之永矣。不可方思。

翹翹錯薪。言刈其蔞。
之子于歸。言秣其駒。
漢之廣矣。不可泳思。
江之永矣。不可方思。

010 周南·汝墳

遵彼汝墳。伐其條枚。
未見君子。惄如調飢。

遵彼汝墳。伐其條肄。
既見君子。不我遐棄。

魴魚赬尾。王室如燬。
雖則如燬。父母孔邇。

011 周南·麟之趾

麟之趾。振振公子。
于嗟麟兮。

麟之定。振振公姓。
于嗟麟兮。

麟之角。振振公族。
于嗟麟兮。

012 召南·鵲巢

維鵲有巢。維鳩居之。
之子于歸。百兩御之。

維鵲有巢。維鳩方之。
之子于歸。百兩將之。

維鵲有巢。維鳩盈之。
之子于歸。百兩成之。

013 召南·采蘩

于以采蘩。于沼于沚。
于以用之。公侯之事。

于以采蘩。于澗之中。
于以用之。公侯之宮。

被之僮僮。夙夜在公。
被之祁祁。薄言還歸。

014 召南·草蟲

喓喓草蟲。趯趯阜螽。
未見君子。憂心忡忡。
亦既見止。亦既覯止。我心則降。

陟彼南山。言采其蕨。
未見君子。憂心惙惙。
亦既見止。亦既覯止。我心則說。

陟彼南山。言采其薇。
未見君子。我心傷悲。
亦既見止。亦既覯止。我心則夷。

015 召南·采蘋

于以采蘋。南澗之濱。
于以采藻。于彼行潦。

于以盛之。維筐及筥。
于以湘之。維錡及釜。

于以奠之。宗室牖下。

誰其尸之。有齊季女。

016 召南·甘棠

蔽芾甘棠。勿翦勿伐。召伯所茇。

蔽芾甘棠。勿翦勿敗。召伯所憩。

蔽芾甘棠。勿翦勿拜。召伯所說。

017 召南·行露

厭浥行露。豈不夙夜。謂行多露。

誰謂雀無角。何以穿我屋。
誰謂女無家。何以速我獄。
雖速我獄。室家不足。

誰謂鼠無牙。何以穿我墉。
誰謂女無家。何以速我訟。
雖速我獄。亦不女從。

018 召南·羔羊

羔羊之皮。素絲五紽。
退食自公。委蛇委蛇。

羔羊之革。素絲五緎。
委蛇委蛇。自公退食。

羔羊之縫。素絲五總。
委蛇委蛇。退食自公。

019 召南·殷其靁

殷其靁。在南山之陽。
何斯違斯。莫敢或遑。
振振君子。歸哉歸哉。

殷其靁。在南山之側。
何斯違斯。莫敢遑息。
振振君子。歸哉歸哉。

殷其靁。在南山之下。
何斯違斯。莫或遑處。
振振君子。歸哉歸哉。

020 召南·摽有梅

摽有梅。其實七兮。
求我庶士。迨其吉兮。

摽有梅。其實三兮。
求我庶士。迨其今兮。

摽有梅。頃筐塈之。
求我庶士。迨其謂之。

021 召南·小星

嘒彼小星。三五在東。
肅肅宵征。夙夜在公。寔命不同。

嘒彼小星。維參與昴。
肅肅宵征。抱衾與裯。寔命不猶。

022 召南·江有汜

江有汜。之子歸。
不我以。不我以。其後也悔。

江有渚。之子歸。
不我與。不我與。其後也處。

江有沱。之子歸。
不我過。不我過。其嘯也歌。

023 召南·野有死麕

野有死麕。白茅包之。
有女懷春。吉士誘之。

林有樸樕。野有死鹿。
白茅純束。有女如玉。

舒而脫脫兮。
無感我帨兮。
無使尨也吠。

024 召南·何彼襛矣

何彼襛矣。唐棣之華。
曷不肅雝。王姬之車。

何彼襛矣。華如桃李。
平王之孫。齊侯之子。

其釣維何。維絲伊緡。
齊侯之子。平王之孫。

025 召南·騶虞

彼茁者葭。
壹發五豝。
于嗟乎騶虞。

彼茁者蓬。
壹發五豵。
于嗟乎騶虞。

026 邶風·柏舟

汎彼柏舟。亦汎其流。
耿耿不寐。如有隱憂。

微我無酒。以敖以遊。

我心匪鑒。不可以茹。
亦有兄弟。不可以據。
薄言往愬。逢彼之怒。

我心匪石。不可轉也。
我心匪席。不可卷也。
威儀棣棣。不可選也。

憂心悄悄。慍于群小。
覯閔既多。受侮不少。
靜言思之。寤辟有摽。

日居月諸。胡迭而微。
心之憂矣。如匪澣衣。
靜言思之。不能奮飛。

027 邶風·綠衣

綠兮衣兮。綠兮黃裏。
心之憂矣。曷維其已。

綠兮衣兮。綠兮黃裳。
心之憂矣。曷維其亡。

綠兮絲兮。女所治兮。
我思古人。俾無訧兮。

絺兮綌兮。淒其以風。
我思古人。實獲我心。

028 邶風·燕燕

燕燕于飛。差池其羽。
之子于歸。遠送于野。

瞻望弗及。泣涕如雨。

燕燕于飛。頡之頏之。
之子于歸。遠于將之。
瞻望弗及。佇立以泣。

燕燕于飛。下上其音。
之子于歸。遠送于南。
瞻望弗及。實勞我心。

仲氏任只。其心塞淵。
終溫且惠。淑慎其身。
先君之思。以勗寡人。

029 邶風·日月

日居月諸。　照臨下土。
乃如之人兮。逝不古處。
胡能有定。　寧不我顧。

日居月諸。　下土是冒。
乃如之人兮。逝不相好。
胡能有定。　寧不我報。

日居月諸。　出自東方。
乃如之人兮。德音無良。
胡能有定。　俾也可忘

日居月諸。東方自出。
父兮母兮。畜我不卒。
胡能有定。報我不述。

030 邶風·終風

終風且暴。顧我則笑。

謔浪笑敖。
中心是悼。

終風且霾。
惠然肯來。
莫往莫來。悠悠我思。

終風且曀。不日有曀。
寤言不寐。願言則嚏。

曀曀其陰。
虺虺其靁。
寤言不寐。願言則懷。

031 邶風·擊鼓

擊鼓其鏜。踊躍用兵。
土國城漕。我獨南行。

從孫子仲。平陳與宋。
不我以歸。憂心有忡。

爰居爰處。爰喪其馬。
于以求之。于林之下。

死生契闊。與子成說。
執子之手。與子偕老。

于嗟闊兮。不我活兮。
于嗟洵兮。不我信兮。

032 邶風·凱風

凱風自南。吹彼棘心。
棘心夭夭。母氏劬勞。

凱風自南。吹彼棘薪。

母氏聖善。我無令人。

爰有寒泉。在浚之下。
有子七人。母氏勞苦。

睍睆黃鳥。載好其音。
有子其人。莫慰母心。

033 邶風·雄雉

雄雉于飛。泄泄其羽。
我之懷矣。自詒伊阻。

雄雉于飛。下上其音。
展矣君子。實勞我心。

瞻彼日月。悠悠我思。
道之云遠。曷云能來。

百爾君子。不知德行。
不忮不求。何用不臧。

034 邶風·匏有苦葉

匏有苦葉。濟有深涉。
深則厲。淺則揭。

有瀰濟盈。有鷕雉鳴。
濟盈不濡軌。雉鳴求其牡。

雝雝鳴鴈。旭日始旦。
士如歸妻。迨冰未泮。

招招舟子。人涉卬否。
人涉卬否。卬須我友。

035 邶風·谷風

習習谷風。以陰以雨。
黽勉同心。不宜有怒。
采葑采菲。無以下體。
德音莫違。及爾同死。

行道遲遲。中心有違。
不遠伊邇。薄送我畿。
誰謂荼苦。其甘如薺。
宴爾新昏。如兄如弟。

涇以渭濁。湜湜其沚。
宴爾新昏。不我屑以。
毋逝我梁。毋發我笱。
我躬不閱。遑恤我後。

就其深矣。方之舟之。
就其淺矣。泳之游之。
何有何亡。黽勉求之。
凡民有喪。匍匐救之。

不我能慉。反以我為讎。
既阻我德。賈用不售。
昔育恐育鞫。及爾顛覆。
既生既育。比予于毒。

我有旨蓄。亦以御冬。
宴爾新昏。以我御窮。
有洸有潰。既詒我肄。
不念昔者。伊余來塈。

036 邶風·式微

式微式微。胡不歸。
微君之故。胡為乎中露。

式微式微。胡不歸。
微君之躬。胡為乎泥中。

037 邶風·旄丘

旄丘之葛兮。何誕之節兮。
叔兮伯兮。　何多日也。

何其處也。必有與也。
何其久也。必有以也。

狐裘蒙戎。匪車不東。
叔兮伯兮。靡所與同。

瑣兮尾兮。流離之子。
叔兮伯兮。褎如充耳。

038 邶風·簡兮

簡兮簡兮。方將萬舞。
日之方中。在前上處。

碩人俁俁。公庭萬舞。
有力如虎。執轡如組。

左手執籥。右手秉翟。
赫如渥赭。公言錫爵。

山有榛。　隰有苓。
云誰之思。西方美人。
彼美人兮。西方之人兮。

039 邶風·泉水

毖彼泉水。亦流于淇。
有懷于衛。靡日不思。
孌彼諸姬。聊與之謀。

出宿于泲。飲餞于禰。
女子有行。遠父母兄弟。
問我諸姑。遂及伯姊。

出宿于干。飲餞于言。
載脂載舝。還車言邁。
遄臻于衛。不瑕有害。

我思肥泉。兹之永歎。
思須與漕。我心悠悠。
駕言出遊。以寫我憂。

040 邶風·北門

出自北門。憂心殷殷。
終窶且貧。莫知我艱。
已焉哉。天實為之。謂之何哉。

王事適我。政事一埤益我。
我入自外。室人交徧讁我。
已焉哉。天實為之。謂之何哉。

王事敦我。政事一埤遺我。
我入自外。室人交徧摧我。
已焉哉。天實為之。謂之何哉。

041 邶風·北風

北風其涼。雨雪其雱。

惠而好我。攜手同行。
其虛其邪。既亟只且。

北風其喈。雨雪其霏。
惠而好我。攜手同歸。
其虛其邪。既亟只且。

莫赤匪狐。莫黑匪烏。
惠而好我。攜手同車。
其虛其邪。既亟只且。

042 邶風·靜女

靜女其姝。俟我於城隅。
愛而不見。搔首踟躕。

靜女其孌。貽我彤管。
彤管有煒。說懌女美。

自牧歸荑。洵美且異。
匪女之為美。美人之貽。

043 邶風·新臺

新臺有泚。河水瀰瀰。
燕婉之求。籧篨不鮮。

新臺有洒。河水浼浼。
燕婉之求。籧篨不殄。

魚網之設。鴻則離之。
燕婉之求。得此戚施。

044 邶風·二子乘舟

二子乘舟。汎汎其景。
願言思子。中心養養。

二子乘舟。汎汎其逝。
願言思子。不瑕有害。

045 鄘風·柏舟

汎彼柏舟。在彼中河。
髧彼兩髦。實維我儀。
之死矢靡它。
母也天只。不諒人只。

汎彼柏舟。在彼河側。
髧彼兩髦。實維我特。
之死矢靡慝。
母也天只。不諒人只。

046 鄘風·墻有茨

牆有茨。　不可埽也。
中冓之言。不可道也。
所可道也。言之醜也。

牆有茨。　不可襄也。
中冓之言。不可詳也。
所可詳也。言之長也。

牆有茨。　不可束也。
中冓之言。不可讀也。
所可讀也。言之辱也。

047 鄘風·君子偕老

君子偕老。副笄六珈。
委委佗佗。如山如河。

象服是宜。
子之不淑。云如之何。

玼兮玼兮。其之翟也。
鬒髮如雲。不屑髢也。
玉之瑱也。象之揥也。
揚且之皙也。
胡然而天也。胡然而帝也。

瑳兮瑳兮。其之展也。
蒙彼縐絺。是紲袢也。
子之清揚。揚且之顏也。
展如之人兮。邦之媛也。

048 鄘風·桑中

爰采唐矣。沬之鄉矣。
云誰之思。美孟姜矣。
期我乎桑中。要我乎上宮。
送我乎淇之上矣。

爰采麥矣。沬之北矣。
云誰之思。美孟弋矣。
期我乎桑中。要我乎上宮。
送我乎淇之上矣。

爰采葑矣。沬之東矣。
云誰之思。美孟庸矣。
期我乎桑中。要我乎上宮。
送我乎淇之上矣。

049 鄘風·鶉之奔奔

鶉之奔奔。鵲之彊彊。

人之無良。我以為兄。

鵲之彊彊。鶉之奔奔。
人之無良。我以為君。

050 鄘風·定之方中

定之方中。作于楚宮。
揆之以日。作于楚室。
樹之榛栗。椅桐梓漆。爰伐琴瑟。

升彼虛矣。以望楚矣。
望楚與堂。景山與京。
降觀于桑。卜云其吉。終然允臧。

靈雨既零。命彼倌人。
星言夙駕。說于桑田。
匪直也人。秉心塞淵。騋牝三千。

051 鄘風·蝃蝀

蝃蝀在東。莫之敢指。
女子有行。遠父母兄弟。

朝隮于西。崇朝其雨。
女子有行。遠兄弟父母。

乃如之人也。懷昏姻也。
大無信也。不知命也。

052 鄘風·相鼠

相鼠有皮。人而無儀。
人而無儀。不死何為。

相鼠有齒。人而無止。
人而無止。不死何俟。

相鼠有體。人而無禮。
人而無禮。胡不遄死。

053 鄘風·干旄

孑孑干旄。在浚之郊。
素絲紕之。良馬四之。
彼姝者子。何以畀之。

孑孑干旟。在浚之都。
素絲組之。良馬五之。
彼姝者子。何以予之。

孑孑干旌。在浚之城。
素絲祝之。良馬六之。
彼姝者子。何以告之。

054 鄘風·載馳

載馳載驅。歸唁衛侯。
驅馬悠悠。言至于漕。
大夫跋涉。我心則憂。

既不我嘉。不能旋反。
視爾不臧。我思不遠。

既不我嘉。不能旋濟。
視爾不臧。我思不閟。

陟彼阿丘。言采其蝱。
女子善懷。亦各有行。
許人尤之。眾穉且狂。

我行其野。芃芃其麥。
控于大邦。誰因誰極。

大夫君子。無我有尤。
百爾所思。不如我所之。

055 衛風·淇奧

瞻彼淇奧。綠竹猗猗。
有匪君子。如切如磋。如琢如磨。
瑟兮僩兮。赫兮咺兮。
有匪君子。終不可諼兮。

瞻彼淇奧。綠竹青青。
有匪君子。充耳琇瑩。會弁如星。
瑟兮僩兮。赫兮咺兮。
有匪君子。終不可諼兮。

瞻彼淇奧。綠竹如簀。
有匪君子。如切如錫。如圭如璧。
寬兮綽兮。猗重較兮。
善戲謔兮。不為虐兮。

056 衛風·考槃

考槃在澗。碩人之寬。
獨寐寤言。永矢弗諼。

考槃在阿。碩人之薖。
獨寐寤歌。永矢弗過。

考槃在陸。碩人之軸。
獨寐寤宿。永矢弗告。

057 衛風·碩人

碩人其頎。衣錦褧衣。
齊侯之子。衛侯之妻。

東宮之妹。邢侯之姨。
譚公維私。

手如柔荑。膚如凝脂。
領如蝤蠐。齒如瓠犀。螓首蛾眉。
巧笑倩兮。美目盼兮。

碩人敖敖。說于農郊。
四牡有驕。朱幩鑣鑣。翟茀以朝。
大夫夙退。無使君勞。

河水洋洋。北流活活。
施罛濊濊。鱣鮪發發。
葭菼揭揭。庶姜孽孽。庶士有朅。

058 衛風·氓

氓之蚩蚩。抱布貿絲。
匪來貿絲。來即我謀。
送子涉淇。至于頓丘。
匪我愆期。子無良媒。
將子無怒。秋以為期。

乘彼垝垣。以望復關。
不見復關。泣涕漣漣。
既見復關。載笑載言。
爾卜爾筮。體無咎言。
以爾車來。以我賄遷。

桑之未落。其葉沃若。
于嗟鳩兮。無食桑葚。
于嗟女兮。無與士耽。
士之耽兮。猶可說也。

女之耽兮。不可說也。

桑之落矣。其黃而隕。
自我徂爾。三歲食貧。
淇水湯湯。漸車帷裳。
女也不爽。士貳其行。
士也罔極。二三其德。

三歲為婦。靡室勞矣。
夙興夜寐。靡有朝矣。
言既遂矣。至于暴矣。
兄弟不知。咥其笑矣。
靜言思之。躬自悼矣。

及爾偕老。老使我怨。
淇則有岸。隰則有泮。
總角之宴。言笑晏晏。
信誓旦旦。不思其反。
反是不思。亦已焉哉。

059 衛風·竹竿

籊籊竹竿。以釣于淇。
豈不爾思。遠莫致之。

泉源在左。淇水在右。
女子有行。遠兄弟父母。

淇水在右。泉源在左。
巧笑之瑳。佩玉之儺。

淇水滺滺。檜楫松舟。
駕言出遊。以寫我憂。

060 衛風·芄蘭

芄蘭之支。童子佩觿。
雖則佩觿。能不我知。
容兮遂兮。垂帶悸兮。

芄蘭之葉。童子佩韘。
雖則佩韘。能不我甲。
容兮遂兮。垂帶悸兮。

061 衛風·河廣

誰謂河廣。一葦杭之。
誰謂宋遠。跂予望之。

誰謂河廣。曾不容刀。
誰謂宋遠。曾不崇朝。

062 衛風·伯兮

伯兮朅兮。邦之桀兮。
伯也執殳。為王前驅。

自伯之東。首如飛蓬。
豈無膏沐。誰適為容。

其雨其雨。杲杲出日。
願言思伯。甘心首疾。

焉得諼草。言樹之背。
願言思伯。使我心痗。

063 衛風·有狐

有狐綏綏。在彼淇梁。
心之憂矣。之子無裳。

有狐綏綏。在彼淇厲。
心之憂矣。之子無帶。

有狐綏綏。在彼淇側。
心之憂矣。之子無服。

064 衛風·木瓜

投我以木瓜。報之以瓊琚。
匪報也。永以為好也。

投我以木桃。報之以瓊瑤。
匪報也。永以為好也。

投我以木李。報之以瓊玖。
匪報也。永以為好也。

065 王風·黍離

彼黍離離。彼稷之苗。
行邁靡靡。中心搖搖。
　知我者。謂我心憂。
不知我者。謂我何求。
悠悠蒼天。此何人哉。

彼黍離離。彼稷之穗。
行邁靡靡。中心如醉。
　知我者。謂我心憂。
不知我者。謂我何求。
悠悠蒼天。此何人哉。

彼黍離離。彼稷之實。
行邁靡靡。中心如噎。
　知我者。謂我心憂。

不知我者。謂我何求。
悠悠蒼天。此何人哉。

066 王風·君子于役

君子于役。不知其期。曷至哉。
雞棲于塒。日之夕矣。羊牛下來。
君子于役。如之何勿思。

君子于役。不日不月。曷其有佸。
雞棲于桀。日之夕矣。羊牛下括。
君子于役。苟無飢渴。

067 王風·君子陽陽

君子陽陽。左執簧。右招我由房。
其樂只且。

君子陶陶。左執翿。右招我由敖。
其樂只且。

068 王風·揚之水

揚之水。　不流束薪。
彼其之子。不與我戍申。
懷哉懷哉。曷月予還歸哉。

揚之水。　不流束楚。
彼其之子。不與我戍甫。
懷哉懷哉。曷月予還歸哉。

揚之水。　不流束蒲。
彼其之子。不與我戍許。
懷哉懷哉。曷月予還歸哉。

069 王風·中谷有蓷

中谷有蓷。暵其乾矣。
有女仳離。嘅其嘆矣。
嘅其嘆矣。遇人之艱難矣。

中谷有蓷。暵其脩矣。
有女仳離。條其歗矣。
條其歗矣。遇人之不淑矣。

中谷有蓷。暵其濕矣。
有女仳離。啜其泣矣。
啜其泣矣。何嗟及矣。

070 王風·兔爰

有兔爰爰。雉離于羅。
我生之初。尚無為。
我生之後。逢此百罹。尚寐無吪。

有兔爰爰。雉離于罦。
我生之初。尚無造。
我生之後。逢此百憂。尚寐無覺。

有兔爰爰。雉離于罿。
我生之初。尚無庸。
我生之後。逢此百凶。尚寐無聰。

071 王風·葛藟

緜緜葛藟。在河之滸。
終遠兄弟。謂他人父。
謂他人父。亦莫我顧。

緜緜葛藟。在河之涘。

終遠兄弟。謂他人母。
謂他人母。亦莫我有。

緜緜葛藟。在河之漘。
終遠兄弟。謂他人昆。
謂他人昆。亦莫我聞。

072 王風·采葛

彼采葛兮。一日不見。如三月兮。

彼采蕭兮。一日不見。如三秋兮。

彼采艾兮。一日不見。如三歲兮。

073 王風·大車

大車檻檻。毳衣如菼。
豈不爾思。畏子不敢。

大車啍啍。毳衣如璊。
豈不爾思。畏子不奔。

穀則異室。死則同穴。
謂予不信。有如皦日。

074 王風·丘中有麻

丘中有麻。彼留子嗟。
彼留子嗟。將其來施施。

丘中有麥。彼留子國。
彼留子國。將其來食。

丘中有李。彼留之子。
彼留之子。貽我佩玖。

075 鄭風·緇衣

緇衣之宜兮。敝，予又改為兮。
適子之館兮。還，予授子之粲兮。

緇衣之好兮。敝，予又改造兮。
適子之館兮。還，予授子之粲兮。

緇衣之蓆兮。敝，予又改作兮。
適子之館兮。還，予授子之粲兮。

076 鄭風·將仲子

將仲子兮。無踰我里。無折我樹杞。
豈敢愛之。畏我父母。
仲可懷也。父母之言。亦可畏也。

將仲子兮。無踰我墻。無折我樹桑。
豈敢愛之。畏我諸兄。
仲可懷也。諸兄之言。亦可畏也。

將仲子兮。無踰我園。無折我樹檀。
豈敢愛之。畏人之多言。
仲可懷也。人之多言。亦可畏也。

077 鄭風·叔于田

叔于田。巷無居人。
豈無居人。不如叔也。洵美且仁。

叔于狩。巷無飲酒。
豈無飲酒。不如叔也。洵美且好。

叔適野。巷無服馬。
豈無服馬。不如叔也。洵美且武。

078 鄭風·大叔于田

叔于田。乘乘馬。
執轡如組。兩驂如舞。
叔在藪。火烈具舉。
襢裼暴虎。獻于公所。
將叔無狃。戒其傷女。

叔于田。乘乘黃。
兩服上襄。兩驂鴈行。
叔在藪。火烈具揚。
叔善射忌。又良御忌。
抑磬控忌。抑縱送忌。

叔于田。乘乘鴇。
兩服齊首。兩驂如手。
叔在藪。火烈具阜。
叔馬慢忌。叔發罕忌。
抑釋掤忌。抑鬯弓忌。

079 鄭風·清人

清人在彭。駟介旁旁。
二矛重英。河上乎翱翔。

清人在消。駟介麃麃。
二矛重喬。河上乎逍遙。

清人在軸。駟介陶陶。
左旋右抽。中軍作好。

080 鄭風·羔裘

羔裘如濡。洵直且侯。

彼其之子。舍命不渝。

羔裘豹飾。孔武有力。
彼其之子。邦之司直。

羔裘晏兮。三英粲兮。
彼其之子。邦之彥兮。

081 鄭風·遵大路

遵大路兮。摻執子之袪兮。
無我惡兮。不寁故也。

遵大路兮。摻執子之手兮。
無我魗兮。不寁好也。

082 鄭風·女曰雞鳴

女曰雞鳴。士曰昧旦。
子興視夜。明星有爛。

翱將翔。弋鳧與鴈。

弋言加之。與子宜之。
宜言飲酒。與子偕老。
琴瑟在御。莫不靜好。

知子之來之。雜佩以贈之。
知子之順之。雜佩以問之。
知子之好之。雜佩以報之。

083 鄭風·有女同車

有女同車。顏如舜華。

翺將翔。佩玉瓊琚。
彼美孟姜。洵美且都。
有女同行。顏如舜英。

翺將翔。佩玉將將。
彼美孟姜。德音不忘。

084 鄭風·山有扶蘇

山有扶蘇。隰有荷華。
不見子都。乃見狂且。

山有橋松。隰有游龍。
不見子充。乃見狡童。

085 鄭風·蘀兮

蘀兮蘀兮。風其吹女。
叔兮伯兮。倡予和女。

蘀兮蘀兮。風其漂女。
叔兮伯兮。倡予要女。

086 鄭風·狡童

彼狡童兮。不與我言兮。
維子之故。使我不能餐兮。

彼狡童兮。不與我食兮。
維子之故。使我不能息兮。

087 鄭風·褰裳

子惠思我。褰裳涉溱。
子不我思。豈無他人。

狂童之狂也且。

子惠思我。褰裳涉洧。
子不我思。豈無他士。
狂童之狂也且。

088 鄭風·丰

子之丰兮。俟我乎巷兮。
悔予不送兮。

子之昌兮。俟我乎堂兮。
悔予不將兮。

衣錦褧衣。裳錦褧裳。
叔兮伯兮。駕予與行。

裳錦褧裳。衣錦褧衣。
叔兮伯兮。駕予與歸。

089 鄭風·東門之墠

東門之墠。茹藘在阪。
其室則邇。其人甚遠。

東門之栗。有踐家室。
豈不爾思。子不我即。

090 鄭風·風雨

風雨淒淒。雞鳴喈喈。
既見君子。云胡不夷。

風雨瀟瀟。雞鳴膠膠。
既見君子。云胡不瘳。

風雨如晦。雞鳴不已。

既見君子。云胡不喜。

091 鄭風·子衿

青青子衿。悠悠我心。
縱我不往。子寧不嗣音。

青青子佩。悠悠我思。
縱我不往。子寧不來。

挑兮達兮。在城闕兮。
一日不見。如三月兮。

092 鄭風·揚之水

揚之水。不流束楚。
終鮮兄弟。維予與女。
無信人之言。人實迋女。

揚之水。不流束薪。
終鮮兄弟。維予二人。
無信人之言。人實不信。

093 鄭風·出其東門

出其東門。有女如雲。
雖則如雲。匪我思存。
縞衣綦巾。聊樂我員。

出其闉闍。有女如荼。
雖則如荼。匪我思且。
縞衣茹藘。聊可與娛。

094 鄭風·野有蔓草

野有蔓草。零露漙兮。
有美一人。清揚婉兮。

邂逅相遇。適我願兮。

野有蔓草。零露瀼瀼。
有美一人。婉如清揚。
邂逅相遇。與子偕臧。

095 鄭風·溱洧

溱與洧。方渙渙兮。
士與女。方秉蕑兮。
女曰觀乎。士曰既且。
且往觀乎。洧之外。洵訏且樂。
維士與女。伊其相謔。贈之以勺藥。

溱與洧。瀏其清矣。
士與女。殷其盈矣。
女曰觀乎。士曰既且。
且往觀乎。洧之外。洵訏且樂。
維士與女。伊其將謔。贈之以勺藥。

096 齊風·雞鳴

雞既鳴矣。朝既盈矣。
匪雞則鳴。蒼蠅之聲。

東方明矣。朝既昌矣。
匪東方則明。月出之光。

蟲飛薨薨。甘與子同夢。
會且歸矣。無庶予子憎。

097 齊風·還

子之還兮。遭我乎猺之間兮。
並驅從兩肩兮。揖我謂我儇兮。

子之茂兮。遭我乎猺之道兮。
並驅從兩牡兮。揖我謂我好兮。

子之昌兮。遭我乎猺之陽兮。
並驅從兩狼兮。揖我謂我臧兮。

098 齊風·著

俟我於著乎而。充耳以素乎而。
尚之以瓊華乎而。

俟我於庭乎而。充耳以青乎而。
尚之以瓊瑩乎而。

俟我於堂乎而。充耳以黃乎而。
尚之以瓊英乎而。

099 齊風·東方之日

東方之日兮。彼姝者子。在我室兮。
在我室兮。履我即兮。

東方之月兮。彼姝者子。在我闥兮。
在我闥兮。履我發兮。

100 齊風·東方未明

東方未明。顛倒衣裳。
顛之倒之。自公召之。

東方未晞。顛倒裳衣。
倒之顛之。自公令之。

折柳樊圃。狂夫瞿瞿。
不能辰夜。不夙則莫。

101 齊風·南山

南山崔崔。雄狐綏綏。
魯道有蕩。齊子由歸。
既曰歸止。曷又懷止。

葛屨五兩。冠緌雙止。
魯道有蕩。齊子庸止。
既曰庸止。曷又從止。

蓺麻如之何。衡從其畝。
取妻如之何。必告父母。
既曰告止。曷又鞠止。

析薪如之何。匪斧不克。
取妻如之何。匪媒不得。
既曰得止。曷又極止。

102 齊風·甫田

無田甫田。維莠驕驕。
無思遠人。勞心忉忉。

無田甫田。維莠桀桀。
無思遠人。勞心怛怛。

婉兮孌兮。總角丱兮。
未幾見兮。突而弁兮。

103 齊風·盧令

盧令令。其人美且仁。

盧重環。其人美且鬈。

盧重鋂。其人美且偲。

104 齊風·敝笱

敝笱在梁。其魚魴鰥。
齊子歸止。其從如雲。

敝笱在梁。其魚魴鱮。
齊子歸止。其從如雨。

敝笱在梁。其魚唯唯。
齊子歸止。其從如水。

105 齊風·載驅

載驅薄薄。簟茀朱鞹。
魯道有蕩。齊子發夕。

四驪濟濟。垂轡濔濔。
魯道有蕩。齊子豈弟。

汶水湯湯。行人彭彭。
魯道有蕩。齊子翱翔。

汶水滔滔。行人儦儦。
魯道有蕩。齊子游遨。

106 齊風·猗嗟

猗嗟昌兮。頎而長兮。
抑若揚兮。
美目揚兮。
巧趨蹌兮。射則臧兮。

猗嗟名兮。美目清兮。
儀既成兮。終日射侯。
不出正兮。展我甥兮。

猗嗟孌兮。

清揚婉兮。
舞則選兮。射則貫兮。
四矢反兮。以禦亂兮。

107 魏風·葛屨

糾糾葛屨。可以履霜。
摻摻女手。可以縫裳。
要之襋之。好人服之。

好人提提。宛然左辟。佩其象揥。
維是褊心。是以為刺。

108 魏風·汾沮洳

彼汾沮洳。言采其莫。
彼其之子。美無度。
美無度。殊異乎公路。

彼汾一方。言采其桑。
彼其之子。美如英。
美如英。殊異乎公行。

彼汾一曲。言采其藚。
彼其之子。美如玉。
美如玉。殊異乎公族。

109 魏風·園有桃

園有桃。　其實之殽。
心之憂矣。我歌且謠。
不我知者。謂我士也驕。
彼人是哉。子曰何其。
心之憂矣。其誰知之。

其誰知之。蓋亦勿思。

園有棘。　其實之食。
心之憂矣。聊以行國。
不我知者。謂我士也罔極。
彼人是哉。子曰何其。
心之憂矣。其誰知之。
其誰知之。蓋亦勿思。

110 魏風·陟岵

陟彼岵兮。瞻望父兮。
父曰嗟予子。行役夙夜無已。
上慎旃哉。猶來無止。

陟彼屺兮。瞻望母兮。
母曰嗟予季。行役夙夜無寐。
上慎旃哉。猶來無棄。

陟彼岡兮。瞻望兄兮。
兄曰嗟予弟。行役夙夜必偕。
上慎旃哉。猶來無死。

111 魏風·十畝之間

十畝之間兮。桑者閑閑兮。
行與子還兮。

十畝之外兮。桑者泄泄兮。
行與子逝兮。

112 魏風·伐檀

坎坎伐檀兮。寘之河之干兮。
河水清且漣猗。

不稼不穡。胡取禾三百廛兮。
不狩不獵。胡瞻爾庭有縣貆兮。
彼君子兮。不素餐兮。

坎坎伐輻兮。寘之河之側兮。
河水清且直猗。
不稼不穡。胡取禾三百億兮。
不狩不獵。胡瞻爾庭有縣特兮。
彼君子兮。不素食兮。

坎坎伐輪兮。寘之河之漘兮。
河水清且淪猗。
不稼不穡。胡取禾三百囷兮。
不狩不獵。胡瞻爾庭有縣鶉兮。
彼君子兮。不素飧兮。

113 魏風·碩鼠

碩鼠碩鼠。無食我黍。
三歲貫女。莫我肯顧。
逝將去女。適彼樂土。
樂土樂土。爰得我所。

碩鼠碩鼠。無食我麥。
三歲貫女。莫我肯德。
逝將去女。適彼樂國。
樂國樂國。爰得我直。

碩鼠碩鼠。無食我苗。
三歲貫女。莫我肯勞。
逝將去女。適彼樂郊。
樂郊樂郊。誰之永號。

114 唐風·蟋蟀

蟋蟀在堂。歲聿其莫。
今我不樂。日月其除。
無已大康。職思其居。
好樂無荒。良士瞿瞿。

蟋蟀在堂。歲聿其逝。
今我不樂。日月其邁。
無已大康。職思其外。
好樂無荒。良士蹶蹶。

蟋蟀在堂。役車其休。
今我不樂。日月其慆。
無已大康。職思其憂。
好樂無荒。良士休休。

115 唐風·山有樞

山有樞。隰有榆。
子有衣裳。弗曳弗婁。
子有車馬。弗馳弗驅。
宛其死矣。他人是愉。

山有栲。隰有杻。
子有廷內。弗洒弗埽。
子有鐘鼓。弗鼓弗考。
宛其死矣。他人是保。

山有漆。隰有栗。
子有酒食。何不日鼓瑟。
且以喜樂。且以永日。
宛其死矣。他人入室。

116 唐風·揚之水

揚之水。白石鑿鑿。
素衣朱襮。從子于沃。
既見君子。云何不樂。

揚之水。白石皓皓。
素衣朱繡。從子于鵠。
既見君子。云何其憂。

揚之水。白石粼粼。
我聞有命。不敢以告人。

117 唐風·椒聊

椒聊之實。蕃衍盈升。
彼其之子。碩大無朋。
椒聊且。遠條且。

椒聊之實。蕃衍盈匊。
彼其之子。碩大且篤。
椒聊且。遠條且。

118 唐風·綢繆

綢繆束薪。三星在天。
今夕何夕。見此良人。
子兮子兮。如此良人何。

綢繆束芻。三星在隅。
今夕何夕。見此邂逅。
子兮子兮。如此邂逅何。

綢繆束楚。三星在戶。
今夕何夕。見此粲者。

子兮子兮。如此粲者何。

119 唐風·杕杜

有杕之杜。其葉湑湑。
獨行踽踽。豈無他人。不如我同父。
嗟行之人。胡不比焉。
人無兄弟。胡不佽焉。

有杕之杜。其葉菁菁。
獨行睘睘。豈無他人。不如我同姓。
嗟行之人。胡不比焉。
人無兄弟。胡不佽焉。

120 唐風·羔裘

羔裘豹袪。自我人居居。
豈無他人。維子之故。

羔裘豹褎。自我人究究。
豈無他人。維子之好。

121 唐風·鴇羽

肅肅鴇羽。集于苞栩。
王事靡盬。不能蓺稷黍。父母何怙。
悠悠蒼天。曷其有所。

肅肅鴇翼。集于苞棘。
王事靡盬。不能蓺黍稷。父母何食。
悠悠蒼天。曷其有極。

肅肅鴇行。集于苞桑。
王事靡盬。不能蓺稻粱。父母何嘗。
悠悠蒼天。曷其有常。

122 唐風·無衣

豈曰無衣七兮。
不如子之衣。安且吉兮。

豈曰無衣六兮。
不如子之衣。安且燠兮。

123 唐風·有杕之杜

有杕之杜。生于道左。
彼君子兮。噬肯適我。
中心好之。曷飲食之。

有杕之杜。生于道周。
彼君子兮。噬肯來游。
中心好之。曷飲食之。

124 唐風·葛生

葛生蒙楚。蘞蔓于野。
予美亡此。誰與獨處。

葛生蒙棘。蘞蔓于域。
予美亡此。誰與獨息。

角枕粲兮。錦衾爛兮。
予美亡此。誰與獨旦。

夏之日。冬之夜。
百歲之後。歸於其居

冬之夜。夏之日。
百歲之後。歸於其室

125 唐風·采苓

采苓采苓。首陽之巔。
人之為言。苟亦無信。
舍旃舍旃。苟亦無然。
人之為言。胡得焉。

采苦采苦。首陽之下。
人之為言。苟亦無與。
舍旃舍旃。苟亦無然。
人之為言。胡得焉。

采葑采葑。首陽之東。
人之無言。苟亦無從。
舍旃舍旃。苟亦無然。
人之為言。胡得焉。

126 秦風·車鄰

有車鄰鄰。有馬白顛。
未見君子。寺人之令。

阪有漆。隰有栗。
既見君子。並坐鼓瑟。
今者不樂。逝者其耋。

阪有桑。隰有楊
既見君子。並坐鼓簧。
今者不樂。逝者其亡。

127 秦風·駟驖

駟驖孔阜。六轡在手。
公之媚子。從公于狩。

奉時辰牡。辰牡孔碩。
公曰左之。舍拔則獲。

遊于北園。四馬既閑。
輶車鸞鑣。載獫歇驕。

128 秦風·小戎

小戎俴收。五楘梁輈。
游環脅驅。陰靷鋈續。
文茵暢轂。駕我騏馵。
言念君子。溫其如玉。
在其板屋。亂我心曲。

四牡孔阜。六轡在手。
騏駵是中。騧驪是驂。
龍盾之合。鋈以觼軜。
言念君子。溫其在邑。
方何為期。胡然我念之。

俴駟孔群。厹矛鋈錞。
蒙伐有苑。虎韔鏤膺。
交韔二弓。竹閉緄縢。
言念君子。載寢載興。
厭厭良人。秩秩德音。

129 秦風·蒹葭

蒹葭蒼蒼。白露為霜。
所謂伊人。在水一方。
遡洄從之。道阻且長。
遡游從之。宛在水中央。

蒹葭淒淒。白露未晞。

所謂伊人。在水之湄。
遡洄從之。道阻且躋。
遡游從之。宛在水中坻。

蒹葭采采。白露未已。
所謂伊人。在水之涘。
遡洄從之。道阻且右。
遡游從之。宛在水中沚。

130 秦風·終南

終南何有。有條有梅。
君子至止。錦衣狐裘。
顏如渥丹。其君也哉。

終南何有。有紀有堂。
君子至止。黻衣繡裳。
佩玉將將。壽考不忘。

131 秦風·黃鳥

交交黃鳥。止于棘。
誰從穆公。子車奄息。
維此奄息。百夫之特。
臨其穴。惴惴其慄。
彼蒼者天。殲我良人。
如可贖兮。人百其身。

交交黃鳥。止于桑。
誰從穆公。子車仲行。
維此仲行。百夫之防。
臨其穴。惴惴其慄。
彼蒼者天。殲我良人。

如可贖兮。人百其身。

交交黃鳥。止于楚。
誰從穆公。子車鍼虎。
維此鍼虎。百夫之禦。
臨其穴。惴惴其慄。
彼蒼者天。殲我良人。
如可贖兮。人百其身。

132 秦風·晨風

鴥彼晨風。鬱彼北林。
未見君子。憂心欽欽。
如何如何。忘我實多。

山有苞櫟。隰有六駁。
未見君子。憂心靡樂。
如何如何。忘我實多。

山有苞棣。隰有樹檖。
未見君子。憂心如醉。
如何如何。忘我實多。

133 秦風·無衣

豈曰無衣。與子同袍。
王于興師。修我戈矛。與子同仇。

豈曰無衣。與子同澤。
王于興師。修我矛戟。與子偕作。

豈曰無衣。與子同裳。
王于興師。修我甲兵。與子偕行。

134 秦風·渭陽

我送舅氏。曰至渭陽。
何以贈之。路車乘黃。

我送舅氏。悠悠我思。
何以贈之。瓊瑰玉佩。

135 秦風·權輿

於我乎。夏屋渠渠。
今也每食無餘。
于嗟乎。不承權輿。

於我乎。每食四簋。
今也每食不飽。
于嗟乎。不承權輿。

136 陳風·宛丘

子之湯兮。宛丘之上兮。
洵有情兮。而無望兮。

坎其擊鼓。宛丘之下。
無冬無夏。值其鷺羽。

坎其擊缶。宛丘之道。
無冬無夏。值其鷺翿。

137 陳風·東門之枌

東門之枌。宛丘之栩。
子仲之子。婆娑其下。

穀旦于差。南方之原。
不績其麻。市也婆娑。

穀旦于逝。越以鬷邁。
視爾如荍。貽我握椒。

138 陳風·衡門

衡門之下。可以棲遲。
泌之洋洋。可以樂飢。

豈其食魚。必河之魴。
豈其取妻。必齊之姜。

豈其食魚。必河之鯉。
豈其取妻。必宋之子。

139 陳風·東門之池

東門之池。可以漚麻。
彼美淑姬。可與晤歌。

東門之池。可以漚紵。
彼美淑姬。可與晤語。

東門之池。可以漚菅。
彼美淑姬。可與晤言。

140 陳風·東門之楊

東門之楊。其葉牂牂。
昏以為期。明星煌煌。

東門之楊。其葉肺肺。
昏以為期。明星晢晢。

141 陳風·墓門

墓門有棘。斧以斯之。
夫也不良。國人知之。

知而不已。誰昔然矣。

墓門有梅。有鴞萃止。
夫也不良。歌以訊之。
訊予不顧。顛倒思予。

142 陳風·防有鵲巢

防有鵲巢。邛有旨苕。
誰侜予美。心焉忉忉。

中唐有甓。邛有旨鷊。
誰侜予美。心焉惕惕。

143 陳風·月出

月出皎兮。
佼人僚兮。舒窈糾兮。
勞心悄兮。

月出皓兮。
佼人懰兮。舒懮受兮。
勞心慅兮。

月出照兮。
佼人燎兮。舒夭紹兮。
勞心慘兮。

144 陳風·株林

胡為乎株林。從夏南。
匪適株林。從夏南。

駕我乘馬。說于株野。
乘我乘駒。朝食于株。

145 陳風·澤陂

彼澤之陂。有蒲與荷。
有美一人。傷如之何。
寤寐無為。涕泗滂沱。

彼澤之陂。有蒲與蕑。
有美一人。碩大且卷。
寤寐無為。中心悁悁。

彼澤之陂。有蒲菡萏。
有美一人。碩大且儼。
寤寐無為。輾轉伏枕。

146 檜風·羔裘

羔裘逍遙。狐裘以朝。
豈不爾思。勞心忉忉。

羔裘翱翔。狐裘在堂。
豈不爾思。我心憂傷。

羔裘如膏。日出有曜。
豈不爾思。中心是悼。

147 檜風·素冠

庶見素冠兮。
棘人欒欒兮。
勞心慱慱兮。

庶見素衣兮。
我心傷悲兮。
聊與子同歸兮。

庶見素韠兮。

我心蘊結兮。
聊與子如一兮。

148 檜風·隰有萇楚

隰有萇楚。猗儺其枝。
夭之沃沃。樂子之無知。

隰有萇楚。猗儺其華。
夭之沃沃。樂子之無家。

隰有萇楚。猗儺其實。
夭之沃沃。樂子之無室。

149 檜風·匪風

匪風發兮。匪車偈兮。
顧瞻周道。中心怛兮。

匪風飄兮。匪車嘌兮。
顧瞻周道。中心弔兮。

誰能亨魚。溉之釜鬵。
誰將西歸。懷之好音。

150 曹風·蜉蝣

蜉蝣之羽。衣裳楚楚。
心之憂矣。於我歸處。

蜉蝣之翼。采采衣服。
心之憂矣。於我歸息。

蜉蝣掘閱。麻衣如雪。
心之憂矣。於我歸說。

151 曹風·候人

彼候人兮。何戈與祋。
彼其之子。三百赤芾。

維鵜在梁。不濡其翼。
彼其之子。不稱其服。

維鵜在梁。不濡其咮。
彼其之子。不遂其媾。

薈兮蔚兮。南山朝隮。
婉兮孌兮。季女斯飢。

152 曹風·鳲鳩

鳲鳩在桑。其子七兮。
淑人君子。其儀一兮。
其儀一兮。心如結兮。

鳲鳩在桑。其子在梅。
淑人君子。其帶伊絲。
其帶伊絲。其弁伊騏。

鳲鳩在桑。其子在棘。
淑人君子。其儀不忒。
其儀不忒。正是四國。

鳲鳩在桑。其子在榛。
淑人君子。正是國人。
正是國人。胡不萬年。

153 曹風·下泉

冽彼下泉。浸彼苞稂。
愾我寤嘆。念彼周京。

冽彼下泉。浸彼苞蕭。
愾我寤嘆。念彼京周。

冽彼下泉。浸彼苞蓍。
愾無寤歎。念彼京師。

芃芃黍苗。陰雨膏之。
四國有王。郇伯勞之。

154 豳風·七月

七月流火。九月授衣。
一之日觱發。二之日栗烈。
無衣無褐。何以卒歲。
三之日于耜。四之日舉趾。
同我婦子。饁彼南畝。田畯至喜。

七月流火。九月授衣。
春日載陽。有鳴倉庚。女執懿筐。
遵彼微行。爰求柔桑。
春日遲遲。采蘩祁祁。
女心傷悲。殆及公子同歸。

七月流火。八月萑葦。
蠶月條桑。取彼斧斨。
以伐遠揚。猗彼女桑。
七月鳴鵙。八月載績。
載玄載黃。我朱孔陽。為公子裳。

四月秀葽。五月鳴蜩。
八月其穫。十月隕籜。
一之日于貉。取彼狐狸。為公子裘。
二之日其同。載纘武功。

言私其豵。獻豜于公。

五月斯螽動股。六月莎雞振羽。
七月在野。八月在宇。
九月在戶。十月蟋蟀。入我床下。
穹窒熏鼠。塞向墐戶。
嗟我婦子。曰為改歲。入此室處。

六月食鬱及薁。七月亨葵及菽。
八月剝棗。十月穫稻。
為此春酒。以介眉壽。
七月食瓜。八月斷壺。九月叔苴。
采荼薪樗。食我農夫。

九月築場圃。十月納禾稼。
黍稷重穋。禾麻菽麥。
嗟我農夫。我稼既同。上入執宮。
晝爾于茅。宵爾索綯。
亟其乘屋。其始播百穀。

二之日鑿冰沖沖。三之日納于凌陰。
四之日其蚤。獻羔祭韭。
九月肅霜。十月滌場。
朋酒斯饗。曰殺羔羊。
躋彼公堂。稱彼兕觥。萬壽無疆。

155 豳風·鴟鴞

鴟鴞鴟鴞。既取我子。無毀我室。
恩斯勤斯。鬻子之閔斯。

迨天之未陰雨。徹彼桑土。綢繆牖戶。
今女下民。或敢侮予。

予手拮据。予所捋荼。
予所蓄租。予口卒瘏。曰予未有室家。

予羽譙譙。予尾翛翛。
予室翹翹。風雨所漂搖。予維音嘵嘵。

156 豳風·東山

我徂東山。慆慆不歸。
我來自東。零雨其濛。
我東曰歸。我心西悲。
制彼裳衣。勿士行枚。
蜎蜎者蠋。烝在桑野。
敦彼獨宿。亦在車下。

我徂東山。慆慆不歸。
我來自東。零雨其濛。
果臝之實。亦施于宇。
伊威在室。蠨蛸在戶。
町畽鹿場。熠燿宵行。
不可畏也伊可懷也。

我徂東山。慆慆不歸。
我來自東。零雨其濛。
鸛鳴于垤。婦歎于室。
洒掃穹窒。我征聿至。
有敦瓜苦。烝在栗薪。
自我不見。于今三年。

我徂東山。慆慆不歸。
我來自東。零雨其濛。
倉庚于飛。熠燿其羽。

之子于歸。皇駁其馬。
親結其縭。九十其儀。
其新孔嘉。其舊如之何。

157 豳風·破斧

既破我斧。又缺我斨。
周公東征。四國是皇。
哀我人斯。亦孔之將。

既破我斧。又缺我錡。
周公東征。四國是吪。
哀我人斯。亦孔之嘉。

既破我斧。又缺我銶。
周公東征。四國是遒。
哀我人斯。亦孔之休。

158 豳風·伐柯

伐柯如何。匪斧不克。
取妻如何。匪媒不得。

伐柯伐柯。其則不遠。
我覯之子。籩豆有踐。

159 豳風·九罭

九罭之魚。鱒魴。
我覯之子。袞衣繡裳。

鴻飛遵渚。公歸無所。於女信處。

鴻飛遵陸。公歸不復。於女信宿。

是以有袞衣兮。
無以我公歸兮。

無使我心悲兮。

160 豳風·狼跋

狼跋其胡。載疐其尾。
公孫碩膚。赤舄几几。

狼疐其尾。載跋其胡。
公孫碩膚。德音不瑕。

161 小雅·鹿鳴

呦呦鹿鳴。食野之苹。
我有嘉賓。鼓瑟吹笙。
吹笙鼓簧。承筐是將。
人之好我。示我周行。

呦呦鹿鳴。食野之蒿。
我有嘉賓。德音孔昭。
視民不恌。君子是則是傚。
我有旨酒。嘉賓式燕以敖。

呦呦鹿鳴。食野之芩。
我有嘉賓。鼓瑟鼓琴。
鼓瑟鼓琴。和樂且湛。
我有旨酒。以燕樂嘉賓之心。

162 小雅·鹿鳴之什·四牡

四牡騑騑。周道倭遲。
豈不懷歸。王事靡盬。我心傷悲。

四牡騑騑。嘽嘽駱馬。
豈不懷歸。王事靡盬。不遑啟處。

翩翩者鵻。載飛載下。集于苞栩。

王事靡盬。不遑將父。

翩翩者鵻。載飛載止。集于苞杞。
王事靡盬。不遑將母。

駕彼四駱。載驟駸駸。豈不懷歸。
是用作歌。將母來諗。

163 小雅·鹿鳴之什·皇皇者華

皇皇者華。于彼原隰。
駪駪征夫。每懷靡及。

我馬維駒。六轡如濡。
載馳載驅。周爰咨諏。

我馬維騏。六轡如絲。
載馳載驅。周爰咨謀。

我馬維駱。六轡沃若。
載馳載驅。周爰咨度。

我馬維駰。六轡既均。
載馳載驅。周爰咨詢。

164 小雅·鹿鳴之什·常棣

常棣之華。鄂不韡韡。（萼不韡韡）
凡今之人。莫如兄弟。

死喪之威。兄弟孔懷。
原隰裒矣。兄弟求矣。

脊令在原。兄弟急難。
每有良朋。況也永歎。

兄弟鬩于牆。外禦其務。

每有良朋。烝也無戎。

喪亂既平。既安且寧。
雖有兄弟。不如友生。

儐爾籩豆。飲酒之飫。
兄弟既具。和樂且孺。

妻子好合。如鼓瑟琴。
兄弟既翕。和樂且湛。

宜爾室家。樂爾妻帑。
是究是圖。亶其然乎。

165 小雅·鹿鳴之什·伐木

伐木丁丁。鳥鳴嚶嚶。
出自幽谷。遷于喬木。
嚶其鳴矣。求其友聲。
相彼鳥矣。猶求友聲。
矧伊人矣。不求友生。
神之聽之。終和且平。

伐木許許。釃酒有藇。
既有肥羜。以速諸父。
寧適不來。微我弗顧。
於粲洒掃。陳饋八簋。
既有肥牡。以速諸舅。
寧適不來。微我有咎。

伐木于阪。釃酒有衍。
籩豆有踐。兄弟無遠。
民之失德。乾餱以愆。
有酒湑我。無酒酤我。

坎坎鼓我。蹲蹲舞我。
迨我暇矣。飲此湑矣。

166 小雅·鹿鳴之什·天保

天保定爾。亦孔之固。
俾爾單厚。何福不除。
俾爾多益。以莫不庶。

天保定爾。俾爾戩穀。
罄無不宜。受天百祿。
降爾遐福。維日不足。

天保定爾。以莫不興。
如山如阜。如岡如陵。
如川之方至。以莫不增。

吉蠲為饎。是用孝享。
禴祠烝嘗。于公先王。
君曰卜爾。萬壽無疆。

神之弔矣。詒爾多福。
民之質矣。日用飲食。
群黎百姓。遍為爾德。

如月之恒。如日之升。
如南山之壽。不騫不崩。
如松柏之茂。無不爾或承。

167 小雅·鹿鳴之什·采薇

采薇采薇。薇亦作止。
曰歸曰歸。歲亦莫止。
靡室靡家。玁狁之故。

不遑啟居。玁狁之故。

采薇采薇。薇亦柔止。
曰歸曰歸。心亦憂止。
憂心烈烈。載飢載渴。
我戍未定。靡使歸聘。

采薇采薇。薇亦剛止。
曰歸曰歸。歲亦陽止。
王事靡盬。不遑啟處。
憂心孔疚。我行不來。

彼爾維何。維常之華。
彼路斯何。君子之車。
戎車既駕。四牡業業。
豈敢定居。一月三捷。

駕彼四牡。四牡騤騤。
君子所依。小人所腓。
四牡翼翼。象弭魚服。
豈不曰戒。玁狁孔棘。

昔我往矣。楊柳依依。
今我來思。雨雪霏霏。
行道遲遲。載渴載飢。
我心傷悲。莫知我哀。

168 小雅·鹿鳴之什·出車

我出我車。于彼牧矣。
自天子所。謂我來矣。
召彼僕夫。謂之載矣。
王事多難。維其棘矣。

我出我車。于彼郊矣。
設此旐矣。建彼旄矣。
彼旟旐斯。胡不旆旆。
憂心悄悄。僕夫況瘁。

王命南仲。往城于方。
出車彭彭。旂旐央央。
天子命我。城彼朔方。
赫赫南仲。玁狁于襄。

昔我往矣。黍稷方華。
今我來思。雨雪載塗。
王事多難。不遑啟居。
豈不懷歸。畏此簡書。

喓喓草蟲。趯趯阜螽。
未見君子。憂心忡忡。
既見君子。我心則降。
赫赫南仲。薄伐西戎。

春日遲遲。卉木萋萋。
倉庚喈喈。采蘩祁祁。
執訊獲醜。薄言還歸。
赫赫南仲。玁狁于夷。

169 小雅·鹿鳴之什·杕杜

有杕之杜。有睆其實。
王事靡盬。繼嗣我日。
日月陽止。女心傷止。征夫遑止。

有杕之杜。其葉萋萋。
王事靡盬。我心傷悲。

卉木萋止。女心悲止。征夫歸止。

陟彼北山。言采其杞。
王事靡盬。憂我父母。
檀車幝幝。四牡痯痯。征夫不遠。

匪載匪來。憂心孔疚。
期逝不至。而多為恤。
卜筮偕止。會言近止。征夫邇止。

170 小雅·鹿鳴之什·魚麗

魚麗于罶。鱨鯊。
君子有酒。旨且多。

魚麗于罶。魴鱧。
君子有酒。多且旨。

魚麗于罶。鰋鯉。
君子有酒。旨且有。

物其多矣。維其嘉矣。

物其旨矣。維其偕矣。

物其有矣。維其時矣。

171 小雅·南有嘉魚

南有嘉魚。烝然罩罩。
君子有酒。嘉賓式燕以樂。

南有嘉魚。烝然汕汕。
君子有酒。嘉賓式燕以衎。

南有樛木。甘瓠纍之。
君子有酒。嘉賓式燕綏之。

翩翩者鵻。烝然來思。
君子有酒。嘉賓式燕又思。

172 小雅·南有嘉魚之什·南山有臺

南山有臺。北山有萊。
樂只君子。邦家之基。
樂只君子。萬壽無期。

南山有桑。北山有楊。
樂只君子。邦家之光。
樂只君子。萬壽無疆。

南山有杞。北山有李。
樂只君子。民之父母。
樂只君子。德音不已。

南山有栲。北山有杻。
樂只君子。遐不眉壽。
樂只君子。德音是茂。

南山有枸。北山有楰。
樂只君子。遐不黃耇。
樂只君子。保艾爾後。

173 小雅·南有嘉魚之什·蓼蕭

蓼彼蕭斯。零露湑兮。
既見君子。我心寫兮。
燕笑語兮。是以有譽處兮。

蓼彼蕭斯。零露瀼瀼。
既見君子。為龍為光。
其德不爽。壽考不忘。

蓼彼蕭斯。零露泥泥。
既見君子。孔燕豈弟。
宜兄宜弟。令德壽豈。

蓼彼蕭斯。零露濃濃。
既見君子。鞗革沖沖。
和鸞雝雝。萬福攸同。

174 小雅·南有嘉魚之什·湛露

湛湛露斯。匪陽不晞。
厭厭夜飲。不醉無歸。

湛湛露斯。在彼豐草。
厭厭夜飲。在宗載考。

湛湛露斯。在彼杞棘。
顯允君子。莫不令德。

其桐其椅。其實離離。
豈弟君子。莫不令儀。

175 小雅·南有嘉魚之什·彤弓

彤弓弨兮。受言藏之。
我有嘉賓。中心貺之。
鐘鼓既設。一朝饗之。

彤弓弨兮。受言載之。
我有嘉賓。中心喜之。
鐘鼓既設。一朝右之。

彤弓弨兮。受言櫜之。
我有嘉賓。中心好之。
鐘鼓既設。一朝醻之。

176 小雅·南有嘉魚之什·菁菁者莪

菁菁者莪。在彼中阿。
既見君子。樂且有儀。

菁菁者莪。在彼中沚。
既見君子。我心則喜。

菁菁者莪。在彼中陵。
既見君子。錫我百朋。

汎汎楊舟。載沉載浮。
既見君子。我心則休。

177 小雅·南有嘉魚之什·六月

六月棲棲。戎車既飭。
四牡騤騤。載是常服。
玁狁孔熾。我是用急。
王于出征。以匡王國。

比物四驪。閑之維則。
維此六月。既成我服。
我服既成。于三十里。
王于出征。以佐天子。

四牡修廣。其大有顒。
薄伐玁狁。以奏膚公。
有嚴有翼。共武之服。
共武之服。以定王國。

玁狁匪茹。整居焦穫。
侵鎬及方。至于涇陽。
織文鳥章。白旆央央。

元戎十乘。以先啟行。

戎車既安。如輊如軒。
四牡既佶。既佶且閑。
薄伐玁狁。至于大原。
文武吉甫。萬邦為憲。

吉甫燕喜。既多受祉。
來歸自鎬。我行永久。
飲御諸友。炰鱉膾鯉。
侯誰在矣。張仲孝友。

178 小雅·南有嘉魚之什·采芑

薄言采芑。于彼新田。于此菑畝。
方叔涖止。其車三千。師干之試。
方叔率止。乘其四騏。四騏翼翼。
路車有奭。簟茀魚服。鉤膺鞗革。

薄言采芑。于彼新田。于此中鄉。
方叔涖止。其車三千。旂旐央央。
方叔率止。約軝錯衡。八鸞瑲瑲。
服其命服。朱芾斯皇。有瑲葱珩。

鴥彼飛隼。其飛戾天。亦集爰止。
方叔涖止。其車三千。師干之試。
方叔率止。鉦人伐鼓。陳師鞠旅。
顯允方叔。伐鼓淵淵。振旅闐闐。

蠢爾蠻荊。大邦為讎。方叔元老。
克壯其猶。方叔率止。執訊獲醜。
戎車嘽嘽。嘽嘽焞焞。如霆如雷。
顯允方叔。征伐玁狁。蠻荊來威。

179 小雅·南有嘉魚之什·車攻

我車既攻。我馬既同。
四牡龐龐。駕言徂東。

田車既好。四牡孔阜。
東有甫草。駕言行狩。

之子于苗。選徒囂囂。
建旐設旄。搏獸于敖。

駕彼四牡。四牡奕奕。
赤芾金舄。會同有繹。

決拾既佽。弓矢既調。
射夫既同。助我舉柴。

四黃既駕。兩驂不猗。
不失其馳。舍矢如破。

蕭蕭馬鳴。悠悠旆旌。
徒御不驚。大庖不盈。

之子于征。有聞無聲。
允矣君子。展也大成。

180 小雅·南有嘉魚之什·吉日

吉日維戊。既伯既禱。
田車既好。四牡孔阜。
升彼大阜。從其群醜。

吉日庚午。既差我馬。
獸之所同。麀鹿麌麌。
漆沮之從。天子之所。

瞻彼中原。其祁孔有。

儦儦俟俟。或群或友。
悉率左右。以燕天子。

既張我弓。既挾我矢。
發彼小豝。殪此大兕。
以御賓客。且以酌醴。

181 小雅·鴻鴈

鴻鴈于飛。肅肅其羽。
之子于征。劬勞于野。
爰及矜人。哀此鰥寡。

鴻鴈于飛。集于中澤。
之子于垣。百堵皆作。
雖則劬勞。其究安宅。

鴻鴈于飛。哀鳴嗷嗷。
維此哲人。謂我劬勞。
維彼愚人。謂我宣驕。

182 小雅·鴻鴈之什·庭燎

夜如何其。夜未央。
庭燎之光。
君子至止。鸞聲將將。

夜如何其。夜未艾。
庭燎晢晢。
君子至止。鸞聲噦噦。

夜如何其。夜鄉晨。
庭燎有煇。
君子至止。言觀其旂。

183 小雅·鴻鴈之什·沔水

沔彼流水。朝宗于海。
鴥彼飛隼。載飛載止。
嗟我兄弟。邦人諸友。
莫肯念亂。誰無父母。

沔彼流水。其流湯湯。
鴥彼飛隼。載飛載揚。
念彼不蹟。載起載行。
心之憂矣。不可弭忘。

鴥彼飛隼。率彼中陵。
民之訛言。寧莫之懲。
我友敬矣。讒言其興。

184 小雅·鴻鴈之什·鶴鳴

鶴鳴于九皋。聲聞于野。
魚潛在淵。或在于渚。
樂彼之園。爰有樹檀。
其下維蘀。它山之石。可以為錯。

鶴鳴于九皋。聲聞于天。
魚在于渚。或潛在淵。
樂彼之園。爰有樹檀。其下維穀。
它山之石。可以攻玉。

185 小雅·鴻鴈之什·祈父

祈父。予王之爪牙。
胡轉予于恤。靡所止居。

祈父。予王之爪士。

胡轉予于恤。靡所厎止。

祈父。亶不聰。
胡轉予于恤。有母之尸饔。

186 小雅·鴻鴈之什·白駒

皎皎白駒。食我場苗。
縶之維之。以永今朝。
所謂伊人。於焉逍遙。

皎皎白駒。食我場藿。
縶之維之。以永今夕。
所謂伊人。於焉嘉客。

皎皎白駒。賁然來思。
爾公爾侯。逸豫無期。
慎爾優游。勉爾遁思。

皎皎白駒。在彼空谷。
生芻一束。其人如玉。
毋金玉爾音。而有遐心。

187 小雅·鴻鴈之什·黃鳥

黃鳥黃鳥。
無集于穀。無啄我粟。
此邦之人。不我肯穀。
言旋言歸。復我邦族。

黃鳥黃鳥。
無集于桑。無啄我粱。
此邦之人。不可與明。
言旋言歸。復我諸兄。

黄鳥黄鳥。
無集于栩。無啄我黍。
此邦之人。不可與處。
言旋言歸。復我諸父。

188 小雅·鴻鴈之什·我行其野

我行其野。蔽芾其樗。
婚姻之故。言就爾居。
爾不我畜。復我邦家。

我行其野。言采其蓫。
婚姻之故。言就爾宿。
爾不我畜。言歸斯復。

我行其野。言采其葍。
不思舊姻。求爾新特。
成不以富。亦祇以異。

189 小雅·鴻鴈之什·斯干

秩秩斯干。幽幽南山。
如竹苞矣。如松茂矣。
兄及弟矣。式相好矣。
無相猶矣。

似續妣祖。築室百堵。西南其戶。
爰居爰處。爰笑爰語。

約之閣閣。椓之橐橐。風雨攸除。
鳥鼠攸去。君子攸芋。

如跂斯翼。如矢斯棘。如鳥斯革。
如翬斯飛。君子攸躋。

殖殖其庭。有覺其楹。噲噲其正。
噦噦其冥。君子攸寧。

下莞上簟。乃安斯寢。乃寢乃興。
乃占我夢。吉夢維何。
維熊維羆。維虺維蛇。

大人占之。維熊維羆。男子之祥。
維虺維蛇。女子之祥。

乃生男子。載寢之床。
載衣之裳。載弄之璋。
其泣喤喤。朱芾斯皇。
室家君王。

乃生女子。載寢之地。
載衣之裼。載弄之瓦。
無非無儀。唯酒食是議。
無父母詒罹。

190 小雅·鴻鴈之什·無羊

誰謂爾無羊。三百維群。
誰謂爾無牛。九十其犉。
爾羊來思。其角濈濈。
爾牛來思。其耳濕濕。

或降于阿。或飲于池。或寢或訛。
爾牧來思。何蓑何笠。或負其餱。
三十維物。爾牲則具。

爾牧來思。以薪以蒸。以雌以雄。
爾羊來思。矜矜兢兢。不騫不崩。
麾之以肱。畢來既升。

牧人乃夢。眾維魚矣。旐維旟矣。
大人占之。眾維魚矣。實維豐年。
旐維旟矣。室家溱溱。

191 小雅·節南山

節彼南山。維石巖巖。
赫赫師尹。民具爾瞻。
憂心如惔。不敢戲談。
國既卒斬。何用不監。

節彼南山。有實其猗。
赫赫師尹。不平謂何。
天方薦瘥。喪亂弘多。
民言無嘉。憯莫懲嗟。

尹氏大師。維周之氐。
秉國之均。四方是維。
天子是毗。俾民不迷。
不弔昊天。不宜空我師。

弗躬弗親。庶民弗信。
弗問弗仕。勿罔君子。
式夷式已。無小人殆。
瑣瑣姻亞。則無膴仕。

昊天不傭。降此鞠訩。
昊天不惠。降此大戾。
君子如屆。俾民心闋。
君子如夷。惡怒是違。

不弔昊天。亂靡有定。
式月斯生。俾民不寧。

憂心如酲。誰秉國成。
不自為政。卒勞百姓。

駕彼四牡。四牡項領。
我瞻四方。蹙蹙靡所騁。

方茂爾惡。相爾矛矣。
既夷既懌。如相酬矣。

昊天不平。我王不寧。
不懲其心。覆怨其正。

家父作誦。以究王訩。
式訛爾心。以畜萬邦。

192 小雅·節南山之什·正月

正月繁霜。我心憂傷。
民之訛言。亦孔之將。
念我獨兮。憂心京京。
哀我小心。癙憂以痒。

父母生我。胡俾我瘉。
不自我先。不自我後。
好言自口。莠言自口。
憂心愈愈。是以有侮。

憂心惸惸。念我無祿。
民之無辜。并其臣僕。
哀我人斯。于何從祿。
瞻烏爰止。于誰之屋。

瞻彼中林。侯薪侯蒸。
民今方殆。視天夢夢。

既克有定。靡人弗勝。
有皇上帝。伊誰云憎。

謂山蓋卑。為岡為陵。
民之訛言。寧莫之懲。
召彼故老。訊之占夢。
具曰予聖。誰知烏之雌雄。

謂天蓋高。不敢不局。
謂地蓋厚。不敢不蹐。
維號斯言。有倫有脊。
哀今之人。胡為虺蜴。

瞻彼阪田。有菀其特。
天之扤我。如不我克。
彼求我則。如不我得。
執我仇仇。亦不我力。

心之憂矣。如或結之。
今茲之正。胡然厲矣。
燎之方揚。寧或滅之。
赫赫宗周。褒姒滅之。

終其永懷。又窘陰雨。
其車既載。乃棄爾輔。
載輸爾載。將伯助予。

無棄爾輔。員于爾輻。
屢顧爾僕。不輸爾載。
終踰絕險。曾是不意。

魚在于沼。亦匪克樂。
潛雖伏矣。亦孔之炤。

憂心慘慘。念國之為虐。

彼有旨酒。又有嘉殽。
洽比其鄰。婚姻孔云。
念我獨兮。憂心慇慇。

仳仳彼有屋。蔌蔌方有穀。
民今之無祿。天夭是椓。
哿矣富人。哀此惸獨。

193 小雅·節南山之什·十月之交

十月之交。朔月辛卯。
日有食之。亦孔之醜。
彼月而微。此日而微。
今此下民。亦孔之哀。

日月告凶。不用其行。
四國無政。不用其良。
彼月而食。則維其常。
此日而食。于何不臧。

爗爗震電。不寧不令。
百川沸騰。山冢崒崩。
高岸為谷。深谷為陵。
哀今之人。胡憯莫懲。

皇父卿士。番維司徒。
家伯維宰。仲允膳夫。
棸子內史。蹶維趣馬。
楀維師氏。豔妻煽方處。

抑此皇父。豈曰不時。
胡為我作。不即我謀。

徹我牆屋。田卒汙萊。
曰予不戕。禮則然矣。

皇父孔聖。作都于向。
擇三有事。亶侯多藏。
不憖遺一老。俾守我王。
擇有車馬。以居徂向。

黽勉從事。不敢告勞。
無罪無辜。讒口囂囂。
下民之孽。匪降自天。
噂沓背憎。職競由人。

悠悠我里。亦孔之痗。
四方有羨。我獨居憂。
民莫不逸。我獨不敢休。
天命不徹。我不敢傚我友自逸。

194 小雅·節南山之什·雨無正

浩浩昊天。不駿其德。
降喪饑饉。斬伐四國。
旻天疾威。弗慮弗圖。
舍彼有罪。既伏其辜。
若此無罪。淪胥以鋪。

周宗既滅。靡所止戾。
正大夫離居。莫知我勩。
三事大夫。莫肯夙夜。
邦君諸侯。莫肯朝夕。
庶曰式臧。覆出為惡。

如何昊天。辟言不信。

如彼行邁。則靡所臻。
凡百君子。各敬爾身。
胡不相畏。不畏于天。

戎成不退。飢成不遂。
曾我暬御。憯憯日瘁。
凡百君子。莫肯用訊。
聽言則答。譖言則退。

哀哉不能言。匪舌是出。
維躬是瘁。哿矣能言。
巧言如流。俾躬處休。

維曰于仕。孔棘且殆。
云不可使。得罪于天子。
亦云可使。怨及朋友。

謂爾遷于王都。曰予未有室家。
鼠思泣血。無言不疾。
昔爾出居。誰從作爾室。

195 小雅·節南山之什·小旻

旻天疾威。敷于下土。
謀猶回遹。何日斯沮。
謀臧不從。不臧覆用。
我視謀猶。亦孔之邛。

潝潝訿訿。亦孔之哀。
謀之其臧。則具是違。
謀之不臧。則具是依。
我視謀猶。伊于胡底。

我龜既厭。不我告猶。

謀夫孔多。是用不集。
發言盈庭。誰敢執其咎。
如匪行邁謀。是用不得于道。

哀哉為猶。
匪先民是程。匪大猶是經。
維邇言是聽。維邇言是爭。
如彼築室于道謀。是用不潰于成。

國雖靡止。或聖或否。
民雖靡膴。或哲或謀。或肅或艾。
如彼泉流。無淪胥以敗。

不敢暴虎。不敢馮河。
人知其一。莫知其他。
戰戰兢兢。如臨深淵。如履薄冰。

196 小雅·節南山之什·小宛

宛彼鳴鳩。翰飛戾天。
我心憂傷。念昔先人。
明發不寐。有懷二人。

人之齊聖。飲酒溫克。
彼昏不知。壹醉日富。
各敬爾儀。天命不又。

中原有菽。庶民采之。
螟蛉有子。蜾蠃負之。
教誨爾子。式穀似之。

題彼脊令。載飛載鳴。
我日斯邁。而月斯征。
夙興夜寐。毋忝爾所生。

交交桑扈。率場啄粟。
哀我填寡。宜岸宜獄。
握粟出卜。自何能穀。

溫溫恭人。如集于木。
惴惴小心。如臨于谷。
戰戰兢兢。如履薄冰。

197 小雅·節南山之什·小弁

弁彼鸒斯。歸飛提提。
民莫不穀。我獨于罹。
何辜于天。我罪伊何。
心之憂矣。云如之何。

踧踧周道。鞫為茂草。
我心憂傷。惄焉如擣。
假寐永歎。維憂用老。
心之憂矣。疢如疾首。

維桑與梓。必恭敬止。
靡瞻匪父。靡依匪母。
不屬于毛。不離于裏。
天之生我。我辰安在。

菀彼柳斯。鳴蜩嘒嘒。
有漼者淵。萑葦淠淠。
譬彼舟流。不知所屆。
心之憂矣。不遑假寐。

鹿斯之奔。維足伎伎。
雉之朝雊。尚求其雌。
譬彼壞木。疾用無枝。

心之憂矣。寧莫之知。

相彼投兔。尚或先之。
行有死人。尚或墐之。
君子秉心。維其忍之。
心之憂矣。涕既隕之。

君子信讒。如或酬之。
君子不惠。不舒究之。
伐木掎矣。析薪扡矣。
舍彼有罪。予之佗矣。

莫高匪山。莫浚匪泉。
君子無易由言。耳屬于垣。
無逝我梁。無發我笱。
我躬不閱。遑恤我後。

198 小雅·節南山之什·巧言

悠悠昊天。曰父母且。
無罪無辜。亂如此幠。
昊天已威。予慎無罪。
昊天大幠。予慎無辜。

亂之初生。僭始既涵。
亂之又生。君子信讒。
君子如怒。亂庶遄沮。
君子如祉。亂庶遄已。

君子屢盟。亂是用長。
君子信盜。亂是用暴。
盜言孔甘。亂是用餤。
匪其止共。維王之邛。

奕奕寢廟。君子作之。
秩秩大猷。聖人莫之。
他人有心。予忖度之。
躍躍毚兔。遇犬獲之。

荏染柔木。君子樹之。
往來行言。心焉數之。
蛇蛇碩言。出自口矣。
巧言如簧。顏之厚矣。

彼何人斯。居河之麋。
無拳無勇。職為亂階。
既微且尰。爾勇伊何。
為猶將多。爾居徒幾何。

199 小雅·節南山之什·何人斯

彼何人斯。其心孔艱。
胡逝我梁。不入我門。
伊誰云從。維暴之云。

二人從行。誰為此禍。
胡逝我梁。不入唁我。
始者不如今。云不我可。

彼何人斯。胡逝我陳。
我聞其聲。不見其身。
不愧于人。不畏于天。

彼何人斯。其為飄風。
胡不自北。胡不自南。
胡逝我梁。祇攪我心。

爾之安行。亦不遑舍。

爾之亟行。遑脂爾車。
壹者之來。云何其盱。

爾還而入。我心易也。
還而不入。否難知也。
壹者之來。俾我祇也。

伯氏吹壎。仲氏吹篪。
及爾如貫。諒不我知。
出此三物。以詛爾斯。

為鬼為蜮。則不可得。
有靦面目。視人罔極。
作此好歌。以極反側。

200 小雅·節南山之什·巷伯

萋兮斐兮。成是貝錦。
彼譖人者。亦已大甚。

哆兮侈兮。成是南箕。
彼譖人者。誰適與謀。

緝緝翩翩。謀欲譖人。
慎爾言也。謂爾不信。

捷捷幡幡。謀欲譖言。
豈不爾受。既其女遷。

驕人好好。勞人草草。
蒼天蒼天。
視彼驕人。矜此勞人。

彼譖人者。誰適與謀。
取彼譖人。投畀豺虎。

豺虎不食。投畀有北。
有北不受。投畀有昊。

楊園之道。猗于畝丘。
寺人孟子。作為此詩。
凡百君子。敬而聽之。

201 小雅·谷風

習習谷風。維風及雨。
將恐將懼。維予與女。
將安將樂。女轉棄予。

習習谷風。維風及頹。
將恐將懼。寘予于懷。
將安將樂。棄予如遺。

習習谷風。維山崔嵬。
無草不死。無木不萎。
忘我大德。思我小怨。

202 小雅·谷風之什·蓼莪

蓼蓼者莪。匪莪伊蒿。
哀哀父母。生我劬勞。

蓼蓼者莪。匪莪伊蔚。
哀哀父母。生我勞瘁。

缾之罄矣。維罍之恥。
鮮民之生。不如死之久矣。
無父何怙。無母何恃。
出則銜恤。入則靡至。

父兮生我。母兮鞠我。

拊我畜我。長我育我。
顧我復我。出入腹我。
欲報之德。昊天罔極。

南山烈烈。飄風發發。
民莫不穀。我獨何害。

南山律律。飄風弗弗。
民莫不穀。我獨不卒。

203 小雅·谷風之什·大東

有饛簋飧。有捄棘匕。
周道如砥。其直如矢。
君子所履。小人所視。
睠言顧之。潸焉出涕。

小東大東。杼柚其空。
糾糾葛屨。可以履霜。
佻佻公子。行彼周行。
既往既來。使我心疚。

有冽氿泉。無浸穫薪。
契契寤歎。哀我憚人。
薪是穫薪。尚可載也。
哀我憚人。亦可息也。

東人之子。職勞不來。
西人之子。粲粲衣服。
舟人之子。熊羆是裘。
私人之子。百僚是試。

或以其酒。不以其漿。
鞙鞙佩璲。不以其長。

維天有漢。監亦有光。
跂彼織女。終日七襄。

雖則七襄。不成報章。
睆彼牽牛。不以服箱。
東有啟明。西有長庚。
有捄天畢。載施之行。

維南有箕。不可以簸揚。
維北有斗。不可以挹酒漿。
維南有箕。載翕其舌。
維北有斗。西柄之揭。

204 小雅·谷風之什·四月

四月維夏。六月徂暑。
先祖匪人。胡寧忍予。

秋日淒淒。百卉具腓。
亂離瘼矣。爰其適歸。

冬日烈烈。飄風發發。
民莫不穀。我獨何害。

山有嘉卉。侯栗侯梅。
廢為殘賊。莫知其尤。

相彼泉水。載清載濁。
我日構禍。曷云能穀。

滔滔江漢。南國之紀。
盡瘁以仕。寧莫我有。

匪鶉匪鳶。翰飛戾天。
匪鱣匪鮪。潛逃于淵。

山有蕨薇。隰有杞桋。
君子作歌。維以告哀。

205 小雅·谷風之什·北山

陟彼北山。言采其杞。
偕偕士子。朝夕從事。
王事靡盬。憂我父母。

溥天之下。莫非王土。
率土之濱。莫非王臣。
大夫不均。我從事獨賢。

四牡彭彭。王事傍傍。
嘉我未老。鮮我方將。
旅力方剛。經營四方。

或燕燕居息。或盡瘁事國。
或息偃在床。或不已于行。

或不知叫號。或慘慘劬勞。
或棲遲偃仰。或王事鞅掌。

或湛樂飲酒。或慘慘畏咎。
或出入風議。或靡事不為。

206 小雅·谷風之什·無將大車

無將大車。祇自塵兮。
無思百憂。祇自疧兮。

無將大車。維塵冥冥。
無思百憂。不出于熲。

無將大車。維塵雝兮。
無思百憂。祇自重兮。

207 小雅·谷風之什·小明

明明上天。照臨下土。
我征徂西。至于艽野。
二月初吉。載離寒暑。
心之憂矣。其毒大苦。
念彼共人。涕零如雨。
豈不懷歸。畏此罪罟。

昔我往矣。日月方除。
曷云其還。歲聿云莫。
念我獨兮。我事孔庶。
心之憂矣。憚我不暇。
念彼共人。睠睠懷顧。
豈不懷歸。畏此譴怒。

昔我往矣。日月方奥。
曷云其還。政事愈蹙。
歲聿云莫。采蕭穫菽。
心之憂矣。自詒伊戚。
念彼共人。興言出宿。
豈不懷歸。畏此反覆。

嗟爾君子。無恒安處。
靖共爾位。正直是與。
神之聽之。式穀以女。

嗟爾君子。無恒安息。
靖共爾位。好是正直。
神之聽之。介爾景福。

208 小雅·谷風之什·鼓鐘

鼓鍾將將。淮水湯湯。
憂心且傷。淑人君子。懷允不忘。

鼓鍾喈喈。淮水湝湝。
憂心且悲。淑人君子。其德不回。

鼓鍾伐鼛。淮有三洲。
憂心且妯。淑人君子。其德不猶。

鼓鍾欽欽。鼓瑟鼓琴。
笙磬同音。以雅以南。以籥不僭。

209 小雅·谷風之什·楚茨

楚楚者茨。言抽其棘。
自昔何為。我蓺黍稷。
我黍與與。我稷翼翼。
我倉既盈。我庾維億。
以為酒食。以享以祀。
以妥以侑。以介景福。

濟濟蹌蹌。絜爾牛羊。以往烝嘗。
或剝或亨。或肆或將。
祝祭于祊。祀事孔明。
先祖是皇。神保是饗。
孝孫有慶。報以介福。萬壽無疆。

執爨踖踖。為俎孔碩。或燔或炙。
君婦莫莫。為豆孔庶。
為賓為客。獻醻交錯。
禮儀卒度。笑語卒獲。
神保是格。報以介福。萬壽攸酢。

我孔熯矣。式禮莫愆。
工祝致告。徂賚孝孫。
苾芬孝祀。神嗜飲食。
卜爾百福。如幾如式。
既齊既稷。既匡既勑。
永錫爾極。時萬時億。

禮儀既備。鐘鼓既戒。
孝孫徂位。工祝致告。
神具醉止。皇尸載起。
鼓鐘送尸。神保聿歸。
諸宰君婦。廢徹不遲。
諸父兄弟。備言燕私。

樂具入奏。以綏後祿。
爾殽既將。莫怨具慶。
既醉既飽。小大稽首。
神嗜飲食。使君壽考。
孔惠孔時。維其盡之。
子子孫孫。勿替引之。

210 小雅·谷風之什·信南山

信彼南山。維禹甸之。
畇畇原隰。曾孫田之。
我疆我理。南東其畝。

上天同雲。雨雪雰雰。
益之以霢霂。既優既渥。
既霑既足。生我百穀。

疆場翼翼。黍稷彧彧。

曾孫之穡。以為酒食。
畀我尸賓。壽考萬年。

中田有廬。疆埸有瓜。
是剝是菹。獻之皇祖。
曾孫壽考。受天之祜。

祭以清酒。從以騂牡。
享于祖考。執其鸞刀。
以啟其毛。取其血膋。

是烝是享。苾苾芬芬。
祀事孔明。先祖是皇。
報以介福。萬壽無疆。

211 小雅·甫田

倬彼甫田。歲取十千。
我取其陳。食我農人。自古有年。
今適南畝。或耘或耔。黍稷薿薿。
攸介攸止。烝我髦士。

以我齊明。與我犧羊。
以社以方。我田既臧。農夫之慶。
琴瑟擊鼓。以御田祖。以祈甘雨。
以介我稷黍。以穀我士女。

曾孫來止。以其婦子。饁彼南畝。
田畯至喜。攘其左右。嘗其旨否。
禾易長畝。終善且有。
曾孫不怒。農夫克敏。

曾孫之稼。如茨如梁。
曾孫之庾。如坻如京。

乃求千斯倉。乃求萬斯箱。
黍稷稻粱。農夫之慶。
報以介福。萬壽無疆。

212 小雅·甫田之什·大田

大田多稼。既種既戒。既備乃事。
以我覃耜。俶載南畝。
播厥百穀。既庭且碩。曾孫是若。

既方既皁。既堅既好。不稂不莠。
去其螟螣。及其蟊賊。無害我田穉。
田祖有神。秉畀炎火。

有渰萋萋。興雨祈祈。雨我公田。遂及我私。
彼有不穫穉。此有不斂穧。
彼有遺秉。此有滯穗。伊寡婦之利。

曾孫來止。以其婦子。
饁彼南畝。田畯至喜。
來方禋祀。以其騂黑。
與其黍稷。以享以祀。以介景福。

213 小雅·甫田之什·瞻彼洛矣

瞻彼洛矣。維水泱泱。
君子至止。福祿如茨。
韎韐有奭。以作六師。

瞻彼洛矣。維水泱泱。
君子至止。鞞琫有珌。
君子萬年。保其家室。

瞻彼洛矣。維水泱泱。

君子至止。福祿既同。
君子萬年。保其家邦。

214 小雅·甫田之什·裳裳者華

裳裳者華。其葉湑兮。
我覯之子。我心寫兮。
我心寫兮。是以有譽處兮。

裳裳者華。芸其黃矣。
我覯之子。維其有章矣。
維其有章矣。是以有慶矣。

裳裳者華。或黃或白。
我覯之子。乘其四駱。
乘其四駱。六轡沃若。

左之左之。君子宜之。
右之右之。君子有之。
維其有之。是以似之。

215 小雅·甫田之什·桑扈

交交桑扈。有鶯其羽。
君子樂胥。受天之祜。

交交桑扈。有鶯其領。
君子樂胥。萬邦之屏。

之屏之翰。百辟為憲。
不戢不難。受福不那。

兕觵其觩。旨酒思柔。
彼交匪敖。萬福來求。

216 小雅·甫田之什·鴛鴦

鴛鴦于飛。畢之羅之。
君子萬年。福祿宜之。

鴛鴦在梁。戢其左翼。
君子萬年。宜其遐福。

乘馬在廄。摧之秣之。
君子萬年。福祿艾之。

乘馬在廄。秣之摧之。
君子萬年。福祿綏之。

217 小雅·甫田之什·頍弁

有頍者弁。實維伊何。
爾酒既旨。爾殽既嘉。
豈伊異人。兄弟匪他。
蔦與女蘿。施于松柏。
未見君子。憂心弈弈。
既見君子。庶幾說懌。

有頍者弁。實維何期。
爾酒既旨。爾殽既時。
豈伊異人。兄弟具來。
蔦與女蘿。施于松上。
未見君子。憂心怲怲。
既見君子。庶幾有臧。

有頍者弁。實維在首。
爾酒既旨。爾殽既阜。
豈伊異人。兄弟甥舅。
如彼雨雪。先集維霰。

死喪無日。無幾相見。
樂酒今夕。君子維宴。

218 小雅·甫田之什·車舝(車牽、車轄)

間關車之舝兮。
思孌季女逝兮。
匪飢匪渴。德音來括。
雖無好友。式燕且喜。

依彼平林。有集維鷮。
辰彼碩女。令德來教。
式燕且譽。好爾無射。

雖無旨酒。式飲庶幾。
雖無嘉殽。式食庶幾。
雖無德與女。式歌且舞。

陟彼高岡。析其柞薪。
析其柞薪。其葉湑兮。
鮮我覯爾。我心寫兮。

高山仰止。景行行止。
四牡騑騑。六轡如琴。
覯爾新婚。以慰我心。

219 小雅·甫田之什·青蠅

營營青蠅。止于樊。
豈弟君子。無信讒言。

營營青蠅。止于棘。
讒人罔極。交亂四國。

營營青蠅。止于榛。

讒人罔極。構我二人。

220 小雅·甫田之什·賓之初筵

賓之初筵。左右秩秩。
籩豆有楚。殽核維旅。
酒既和旨。飲酒孔偕。
鐘鼓既設。舉酬逸逸。
大侯既抗。弓矢斯張。
射夫既同。獻爾發功。
發彼有的。以祈爾爵。

籥舞笙鼓。樂既和奏。
烝衎烈祖。以洽百禮。
百禮既至。有壬有林。
錫爾純嘏。子孫其湛。
其湛曰樂。各奏爾能。
賓載手仇。室人入又。
酌彼康爵。以奏爾時。

賓之初筵。溫溫其恭。
其未醉止。威儀反反。
曰既醉止。威儀幡幡。
舍其坐遷。屢舞僊僊。
其未醉止。威儀抑抑。
曰既醉止。威儀怭怭。
是曰既醉。不知其秩。

賓既醉止。載號載呶。
亂我籩豆。屢舞僛僛。
是曰既醉。不知其郵。
側弁之俄。屢舞傞傞。

既醉而出。並受其福。
醉而不出。是謂伐德。
飲酒孔嘉。維其令儀。

凡此飲酒。或醉或否。
既立之監。或佐之史。
彼醉不臧。不醉反恥。
式勿從謂。無俾大怠。
匪言勿言。匪由勿語。
由醉之言。俾出童羖。
三爵不識。矧敢多又。

221 小雅·魚藻

魚在在藻。有頒其首。
王在在鎬。豈樂飲酒。

魚在在藻。有莘其尾。
王在在鎬。飲酒樂豈。

魚在在藻。依于其蒲。
王在在鎬。有那其居。

222 小雅·魚藻之什·采菽

采菽采菽。筐之筥之。
君子來朝。何錫予之。
雖無予之。路車乘馬。
又何予之。玄袞及黼。

觱沸檻泉。言采其芹。
君子來朝。言觀其旂。
其旂淠淠。鸞聲嘒嘒。
載驂載駟。君子所屆。

赤芾在股。邪幅在下。
彼交匪紓。天子所予。
樂只君子。天子命之。
樂只君子。福祿申之。

維柞之枝。其葉蓬蓬。
樂只君子。殿天子之邦。
樂只君子。萬福攸同。
平平左右。亦是率從。

汎汎楊舟。紼纚維之。
樂只君子。天子葵之。
樂只君子。福祿膍之。
優哉游哉。亦是戾矣。

223 小雅·魚藻之什·角弓

騂騂角弓。翩其反矣。
兄弟婚姻。無胥遠矣。

爾之遠矣。民胥然矣。
爾之教矣。民胥傚矣。

此令兄弟。綽綽有裕。
不令兄弟。交相為瘉。

民之無良。相怨一方。
受爵不讓。至于已斯亡。

老馬反為駒。不顧其後。
如食宜饇。如酌孔取。

毋教猱升木。如塗塗附。
君子有徽猷。小人與屬。

雨雪瀌瀌。見晛曰消。
莫肯下遺。式居婁驕。

雨雪浮浮。見晛曰流。
如蠻如髦。我是用憂。

224 小雅·魚藻之什·菀柳

有菀者柳。不尚息焉。
上帝甚蹈。無自暱焉。
俾予靖之。後予極焉。

有菀者柳。不尚愒焉。
上帝甚蹈。無自瘵焉。
俾予靖之。後予邁焉。

有鳥高飛。亦傅于天。
彼人之心。于何其臻。
曷予靖之。居以凶矜。

225 小雅·魚藻之什·都人士

彼都人士。狐裘黃黃。
其容不改。出言有章。
行歸于周。萬民所望。

彼都人士。臺笠緇撮。
彼君子女。綢直如髮。
我不見兮。我心不說。

彼都人士。充耳琇實。
彼君子女。謂之尹吉。
我不見兮。我心苑結。

彼都人士。垂帶而厲。

彼君子女。卷髮如蠆。
我不見兮。言從之邁。

匪伊垂之。帶則有餘。
匪伊卷之。髮則有旟。
我不見兮。云何盱矣。

226 小雅·魚藻之什·采綠

終朝采綠。不盈一匊。
予髮曲局。薄言歸沐。

終朝采藍。不盈一襜。
五日為期。六日不詹。

之子于狩。言韔其弓。
之子于釣。言綸之繩。

其釣維何。維魴及鱮。
維魴及鱮。薄言觀者。

227 小雅·魚藻之什·黍苗

芃芃黍苗。陰雨膏之。
悠悠南行。召伯勞之。

我任我輦。我車我牛。
我行既集。蓋云歸哉。

我徒我御。我師我旅。
我行既集。蓋云歸處。

肅肅謝功。召伯營之。
烈烈征師。召伯成之。

原隰既平。泉流既清。
召伯有成。王心則寧。

228 小雅·魚藻之什·隰桑

隰桑有阿。其葉有難。
既見君子。其樂如何。

隰桑有阿。其葉有沃。
既見君子。云何不樂。

隰桑有阿。其葉有幽。
既見君子。德音孔膠。

心乎愛矣。遐不謂矣。
中心藏之。何日忘之。

229 小雅·魚藻之什·白華

白華菅兮。白茅束兮。
之子之遠。俾我獨兮。

英英白雲。露彼菅茅。
天步艱難。之子不猶。

滮池北流。浸彼稻田。
嘯歌傷懷。念彼碩人。

樵彼桑薪。卬烘于煁。
維彼碩人。實勞我心。

鼓鐘于宮。聲聞于外。
念子懆懆。視我邁邁。

有鶖在梁。有鶴在林。
維彼碩人。實勞我心。

鴛鴦在梁。戢其左翼。
之子無良。二三其德。

有扁斯石。履之卑兮。
之子之遠。俾我疷兮。

230 小雅·魚藻之什·緜蠻

緜蠻黃鳥。止於丘阿。
道之云遠。我勞如何。
飲之食之。教之誨之。
命彼後車。謂之載之。

緜蠻黃鳥。止于丘隅。
豈敢憚行。畏不能趨。
飲之食之。教之誨之。
命彼後車。謂之載之。

緜蠻黃鳥。止于丘側。
豈敢憚行。畏不能極。
飲之食之。教之誨之。
命彼後車。謂之載之。

231 小雅·魚藻之什·瓠葉

幡幡瓠葉。采之亨之。
君子有酒。酌言嘗之。

有兔斯首。炮之燔之。
君子有酒。酌言獻之。

有兔斯首。燔之炙之。
君子有酒。酌言酢之。

有兔斯首。燔之炮之。
君子有酒。酌言醻之。

232 小雅·魚藻之什·漸漸之石

漸漸之石。維其高矣。
山川悠遠。維其勞矣。
武人東征。不皇朝矣。

漸漸之石。維其卒矣。
山川悠遠。曷其沒矣。
武人東征。不皇出矣。

有豕白蹢。烝涉波矣。
月離于畢。俾滂沱矣。
武人東征。不皇他矣。

233 小雅·魚藻之什·苕之華

苕之華。芸其黃矣。
心之憂矣。維其傷矣。

苕之華。其葉青青。
知我如此。不如無生。

牂羊墳首。三星在罶。
人可以食。鮮可以飽。

234 小雅·魚藻之什·何草不黃

何草不黃。何日不行。
何人不將。經營四方。

何草不玄。何人不矜。
哀我征夫。獨為匪民。

匪兕匪虎。率彼曠野。
哀我征夫。朝夕不暇。

有芃者狐。率彼幽草。

有棧之車。行彼周道。

235 大雅·文王

文王在上。於昭于天。
周雖舊邦。其命維新。
有周不顯。帝命不時。
文王陟降。在帝左右。

亹亹文王。令聞不已。
陳錫哉周。侯文王孫子。
文王孫子。本支百世。
凡周之士。不顯亦世。

世之不顯。厥猶翼翼。
思皇多士。生此王國。
王國克生。維周之楨。
濟濟多士。文王以寧。

穆穆文王。於緝熙敬止。
假哉天命。有商孫子。
商之孫子。其麗不億。
上帝既命。侯于周服。

侯服于周。天命靡常。
殷士膚敏。祼將于京。
厥作祼將。常服黼冔。
王之藎臣。無念爾祖。

無念爾祖。聿修厥德。
永言配命。自求多福。
殷之未喪師。克配上帝。
宜鑒于殷。駿命不易。

命之不易。無遏爾躬。
宣昭義問。有虞殷自天。
上天之載。無聲無臭。
儀刑文王。萬邦作孚。

236 大雅·文王之什·大明

明明在下。赫赫在上。
天難忱斯。不易維王。
天位殷適。使不挾四方。

摯仲氏任。自彼殷商。
來嫁于周。曰嬪于京。
乃及王季。維德之行。
大任有身。生此文王。

維此文王。小心翼翼。
昭事上帝。聿懷多福。
厥德不回。以受方國。

天監在下。有命既集。
文王初載。天作之合。
在洽之陽。在渭之涘。
文王嘉止。大邦有子。

大邦有子。俔天之妹。
文定厥祥。親迎于渭。
造舟為梁。不顯其光。

有命自天。命此文王。
于周于京。纘女維莘。
長子維行。篤生武王。
保右命爾。燮伐大商。

殷商之旅。其會如林。
矢于牧野。維予侯興。
上帝臨女。無貳爾心。

牧野洋洋。檀車煌煌。
駟騵彭彭。維師尚父。時維鷹揚。
涼彼武王。肆伐大商。會朝清明。

237 大雅·文王之什·緜（綿）

緜緜瓜瓞。民之初生。
自土沮漆。古公亶父。
陶復陶穴。未有家室。

古公亶父。來朝走馬。
率西水滸。至于岐下。
爰及姜女。聿來胥宇。

周原膴膴。堇荼如飴。
爰始爰謀。爰契我龜。
曰止曰時。築室于茲。

迺慰迺止。迺左迺右。
迺疆迺理。迺宣迺畝。
自西徂東。周爰執事。

乃召司空。乃召司徒。
俾立室家。其繩則直。
縮版以載。作廟翼翼。

捄之陾陾。度之薨薨。
築之登登。削屢馮馮。
百堵皆興。鼛鼓弗勝。

廼立皋門。皋門有伉。
廼立應門。應門將將。
廼立冢土。戎醜攸行。

肆不殄厥慍。亦不隕厥問。
柞棫拔矣。行道兌矣。
混夷駾矣。維其喙矣。

虞芮質厥成。文王蹶厥生。
予曰有疏附。予曰有先後。
予曰有奔奏。予曰有禦侮。

238 大雅·文王之什·棫樸

芃芃棫樸。薪之槱之。
濟濟辟王。左右趣之。

濟濟辟王。左右奉璋。
奉璋峨峨。髦士攸宜。

淠彼涇舟。烝徒楫之。
周王于邁。六師及之。

倬彼雲漢。為章于天。
周王壽考。遐不作人。

追琢其章。金玉其相。
勉勉我王。綱紀四方。

239 大雅·文王之什·旱麓

瞻彼旱麓。榛楛濟濟。
豈弟君子。干祿豈弟。

瑟彼玉瓚。黃流在中。
豈弟君子。福祿攸降。

鳶飛戾天。魚躍于淵。
豈弟君子。遐不作人。

清酒既載。騂牡既備。
以享以祀。以介景福。

瑟彼柞棫。民所燎矣。
豈弟君子。神所勞矣。

莫莫葛藟。施于條枚。
豈弟君子。求福不回。

240 大雅·文王之什·思齊

思齊大任。文王之母。
思媚周姜。京室之婦。
大姒嗣徽音。則百斯男。

惠于宗公。神罔時怨。
神罔時恫。刑于寡妻。
至于兄弟。以御于家邦。

雝雝在宮。肅肅在廟。
不顯亦臨。無射亦保。

肆戎疾不殄。烈假不瑕。
不聞亦式。不諫亦入。

肆成人有德。小子有造。
古之人無斁。譽髦斯士。

241 大雅·文王之什·皇矣

皇矣上帝。臨下有赫。
監觀四方。求民之莫。
維此二國。其政不獲。

維彼四國。爰究爰度。
上帝耆之。憎其式廓。
乃眷西顧。此維與宅。

作之屏之。其菑其翳。
脩之平之。其灌其栵。
啟之辟之。其檉其椐。
攘之剔之。其檿其柘。
帝遷明德。串夷載路。
天立厥配。受命既固。

帝省其山。柞棫斯拔。
松柏斯兌。帝作邦作對。
自大伯王季。維此王季。
因心則友。則友其兄。
則篤其慶。載錫之光。
受祿無喪。奄有四方。

維此王季。帝度其心。
貊其德音。其德克明。
克明克類。克長克君。
王此大邦。克順克比。
比于文王。其德靡悔。
既受帝祉。施于孫子。

帝謂文王。無然畔援。
無然歆羨。誕先登于岸。
密人不恭。敢距大邦。
侵阮徂共。王赫斯怒。
爰整其旅。以按徂旅。
以篤于周祜。以對于天下。

依其在京。侵自阮疆。
陟我高岡。無矢我陵。
我陵我阿。無飲我泉。
我泉我池。度其鮮原。
居岐之陽。在渭之將。
萬邦之方。下民之王。

帝謂文王。予懷明德。
不大聲以色。不長夏以革。
不識不知。順帝之則。
帝謂文王。詢爾仇方。
同爾兄弟。以爾鉤援。
與爾臨衝。以伐崇墉。

臨衝閑閑。崇墉言言。
執訊連連。攸馘安安。
是類是禡。是致是附。
四方以無侮。臨衝茀茀。
崇墉仡仡。是伐是肆。
是絕是忽。四方以無拂。

242 大雅·文王之什·靈臺

經始靈臺。經之營之。
庶民攻之。不日成之。

經始勿亟。庶民子來。
王在靈囿。麀鹿攸伏。

麀鹿濯濯。白鳥翯翯。
王在靈沼。於牣魚躍。

虡業維樅。賁鼓維鏞。
於論鼓鍾。於樂辟廱。

於論鼓鍾。於樂辟廱。
鼉鼓逢逢。矇瞍奏公。

243 大雅·文王之什·下武

下武維周。世有哲王。
三后在天。王配于京。

王配于京。世德作求。
永言配命。成王之孚。

成王之孚。下土之式。
永言孝思。孝思維則。

媚茲一人。應侯順德。
永言孝思。昭哉嗣服。

昭茲來許。繩其祖武。
於萬斯年。受天之祜。

受天之祜。四方來賀。
於萬斯年。不遐有佐。

244 大雅·文王之什·文王有聲

文王有聲。遹駿有聲。
遹求厥寧。遹觀厥成。文王烝哉。

文王受命。有此武功。
既伐于崇。作邑于豐。文王烝哉。

築城伊淢。作豐伊匹。
匪棘其欲。遹追來孝。王后烝哉。

王公伊濯。維豐之垣。
四方攸同。王后維翰。王后烝哉。

豐水東注。維禹之績。
四方攸同。皇王維辟。皇王烝哉。

鎬京辟廱。自西自東。
自南自北。無思不服。皇王烝哉。

考卜維王。宅是鎬京。
維龜正之。武王成之。武王烝哉。

豐水有芑。武王豈不仕。
詒厥孫謀。以燕翼子。武王烝哉。

245 大雅·生民

厥初生民。時維姜嫄。生民如何。克禋克祀。
以弗無子。履帝武敏。歆攸介攸止。載震載夙。
載生載育。時維后稷。

誕彌厥月。先生如達。不坼不副。無菑無害。
以赫厥靈。上帝不寧。不康禋祀。居然生子。

誕寘之隘巷。牛羊腓字之。誕寘之平林。會伐平林。
誕寘之寒冰。鳥覆翼之。鳥乃去矣。后稷呱矣。
實覃實訏。厥聲載路。

誕實匍匐。克岐克嶷。以就口食。蓺之荏菽。
荏菽旆旆。禾役穟穟。麻麥幪幪。瓜瓞唪唪。

誕后稷之穡。有相之道。茀厥豐草。種之黃茂。
實方實苞。實種實褎。實發實秀。實堅實好。
實穎實栗。即有邰家室。

誕降嘉種。維秬維秠。維穈維芑。恒之秬秠。

是穫是畝。恒之糜芑。是任是負。以歸肇祀。

誕我祀如何。或舂或揄。或簸或蹂。釋之叟叟。
烝之浮浮。載謀載惟。取蕭祭脂。取羝以軷。
載燔載烈。以興嗣歲。

卬盛于豆。于豆于登。其香始升。上帝居歆。
胡臭亶時。后稷肇祀。庶無罪悔。以迄于今。

246 大雅·生民之什·行葦

敦彼行葦。牛羊勿踐履。
方苞方體。維葉泥泥。
戚戚兄弟。莫遠具爾。
或肆之筵。或授之几。

肆筵設席。授几有緝御。
或獻或酢。洗爵奠斝。
醓醢以薦。或燔或炙。
嘉殽脾臄。或歌或咢。

敦弓既堅。四鍭既鈞。
舍矢既均。序賓以賢。
敦弓既句。既挾四鍭。
四鍭如樹。序賓以不侮。

曾孫維主。酒醴維醹。
酌以大斗。以祈黃耇。
黃耇台背。以引以翼。
壽考維祺。以介景福。

247 大雅·生民之什·既醉

既醉以酒。既飽以德。

君子萬年。介爾景福。

既醉以酒。爾殽既將。
君子萬年。介爾昭明。

昭明有融。高朗令終。
令終有俶。公尸嘉告。

其告維何。籩豆靜嘉。
朋友攸攝。攝以威儀。

威儀孔時。君子有孝子。
孝子不匱。永錫爾類。

其類維何。室家之壼。
君子萬年。永錫祚胤。

其胤維何。天被爾祿。
君子萬年。景命有僕。

其僕維何。釐爾女士。
釐爾女士。從以孫子。

248 大雅·生民之什·鳧鷖

鳧鷖在涇。公尸來燕來寧。
爾酒既清。爾殽既馨。
公尸燕飲。福祿來成。

鳧鷖在沙。公尸來燕來宜。
爾酒既多。爾殽既嘉。
公尸燕飲。福祿來為。

鳧鷖在渚。公尸來燕來處。
爾酒既湑。爾殽伊脯。
公尸燕飲。福祿來下。

鳧鷖在潨。公尸來燕來宗。
既燕于宗。福祿攸降。
公尸燕飲。福祿來崇。

鳧鷖在亹。公尸來止熏熏。
旨酒欣欣。燔炙芬芬。
公尸燕飲。無有後艱。

249 大雅·生民之什·假樂（嘉樂）

假樂君子。顯顯令德。
宜民宜人。受祿于天。
保右命之。自天申之。

干祿百福。子孫千億。
穆穆皇皇。宜君宜王。
不愆不忘。率由舊章。

威儀抑抑。德音秩秩。
無怨無惡。率由群匹。
受福無疆。四方之綱。

之綱之紀。燕及朋友。
百辟卿士。媚于天子。
不解于位。民之攸塈。

250 大雅·生民之什·公劉

篤公劉。匪居匪康。
迺埸迺疆。迺積迺倉。
迺裹餱糧。于橐于囊。思輯用光。
弓矢斯張。干戈戚揚。爰方啟行。

篤公劉。于胥斯原。

既庶既繁。既順迺宣。而無永歎。
陟則在巘。復降在原。何以舟之。
維玉及瑤。鞞琫容刀。

篤公劉。逝彼百泉。瞻彼溥原。
迺陟南岡。乃覯于京。
京師之野。于時處處。于時廬旅。
于時言言。于時語語。

篤公劉。于京斯依。
蹌蹌濟濟。俾筵俾几。
既登乃依。乃造其曹。
執豕于牢。酌之用匏。
食之飲之。君之宗之。

篤公劉。既溥既長。
既景迺岡。相其陰陽。觀其流泉。
其軍三單。度其隰原。徹田為糧。
度其夕陽。豳居允荒。

篤公劉。于豳斯館。
涉渭為亂。取厲取鍛。
止基迺理。爰眾爰有。
夾其皇澗。溯其過澗。
止旅迺密。芮鞫之即。

251 大雅·生民之什·泂酌

泂酌彼行潦。挹彼注茲。
可以饎饎。豈弟君子。民之父母。

泂酌彼行潦。挹彼注茲。
可以濯罍。豈弟君子。民之攸歸。

泂酌彼行潦。挹彼注茲。
可以濯溉。豈弟君子。民之攸塈。

252 大雅·生民之什·卷阿

有卷者阿。飄風自南。
豈弟君子。來游來歌。以矢其音。

伴奐爾游矣。優游爾休矣。
豈弟君子。俾爾彌爾性。似先公酋矣。

爾土宇昄章。亦孔之厚矣。
豈弟君子。俾爾彌爾性。百神爾主矣。

爾受命長矣。茀祿爾康矣。
豈弟君子。俾爾彌爾性。純嘏爾常矣。

有馮有翼。有孝有德。以引以翼。
豈弟君子。四方為則。

顒顒卬卬。如圭如璋。令聞令望。
豈弟君子。四方為綱。

鳳皇于飛。翽翽其羽。亦集爰止。
藹藹王多吉士。維君子使。媚于天子。

鳳皇于飛。翽翽其羽。亦傅于天。
藹藹王多吉人。維君子命。媚于庶人。

鳳皇鳴矣。于彼高岡。
梧桐生矣。于彼朝陽。
菶菶萋萋。雝雝喈喈。

君子之車。既庶且多。
君子之馬。既閑且馳。
矢詩不多。維以遂歌。

253 大雅·生民之什·民勞

民亦勞止。汔可小康。
惠此中國。以綏四方。
無縱詭隨。以謹無良。
式遏寇虐。憯不畏明。
柔遠能邇。以定我王。

民亦勞止。汔可小休。
惠此中國。以為民逑。
無縱詭隨。以謹惛怓。
式遏寇虐。無俾民憂。
無棄爾勞。以為王休。

民亦勞止。汔可小息。
惠此京師。以綏四國。
無縱詭隨。以謹罔極。
式遏寇虐。無俾作慝。
敬慎威儀。以近有德。

民亦勞止。汔可小愒。
惠此中國。俾民憂泄。
無縱詭隨。以謹醜厲。
式遏寇虐。無俾正敗。
戎雖小子。而式弘大。

民亦勞止。汔可小安。
惠此中國。國無有殘。
無縱詭隨。以謹繾綣。
式遏寇虐。無俾正反。
王欲玉女。是用大諫。

254 大雅·生民之什·板

上帝板板。下民卒癉。
出話不然。為猶不遠。
靡聖管管。不實于亶。
猶之未遠。是用大諫。

天之方難。無然憲憲。
天之方蹶。無然泄泄。
辭之輯矣。民之洽矣。
辭之懌矣。民之莫矣。

我雖異事。及爾同寮。
我即爾謀。聽我囂囂。
我言維服。勿以為笑。
先民有言。詢于芻蕘。

天之方虐。無然謔謔。
老夫灌灌。小子蹻蹻。
匪我言耄。爾用憂謔。
多將熇熇。不可救藥。

天之方懠。無為夸毗。
威儀卒迷。善人載尸。
民之方殿屎。則莫我敢葵。
喪亂蔑資。曾莫惠我師。

天之牖民。如壎如篪。
如璋如圭。如取如攜。
攜無曰益。牖民孔易。
民之多辟。無自立辟。

价人維藩。大師維垣。

大邦維屏。大宗維翰。
懷德維寧。宗子維城。
無俾城壞。無獨斯畏。

敬天之怒。無敢戲豫。
敬天之渝。無敢馳驅。
昊天曰明。及爾出王。
昊天曰旦。及爾游衍。

255 大雅·蕩

蕩蕩上帝。下民之辟。
疾威上帝。其命多辟。
天生烝民。其命匪諶。
靡不有初。鮮克有終。

文王曰咨。咨女殷商。
曾是強禦。曾是掊克。
曾是在位。曾是在服。
天降滔德。女興是力。

文王曰咨。咨女殷商。
而秉義類。強禦多懟。
流言以對。寇攘式內。
侯作侯祝。靡屆靡究。

文王曰咨。咨女殷商。
女炰烋于中國。斂怨以為德。
不明爾德。時無背無側。
爾德不明。以無陪無卿。

文王曰咨。咨女殷商。
天不湎爾以酒。不義從式。

既愆爾止。靡明靡晦。
式號式呼。俾晝作夜。

文王曰咨。咨女殷商。
如蜩如螗。如沸如羹。
小大近喪。人尚乎由行。
內奰于中國。覃及鬼方。

文王曰咨。咨女殷商。
匪上帝不時。殷不用舊。
雖無老成人。尚有典刑。
曾是莫聽。大命以傾。

文王曰咨。咨女殷商。
人亦有言。顛沛之揭。
枝葉未有害。本實先撥。
殷鑒不遠。在夏后之世。

256 大雅·蕩之什·抑

抑抑威儀。維德之隅。
人亦有言。靡哲不愚。
庶人之愚。亦職維疾。
哲人之愚。亦維斯戾。

無競維人。四方其訓之。
有覺德行。四國順之。
訏謨定命。遠猶辰告。
敬慎威儀。維民之則。

其在于今。興迷亂于政。
顛覆厥德。荒湛于酒。
女雖湛樂從。弗念厥紹。

罔敷求先王。克共明刑。

肆皇天弗尚。如彼泉流。無淪胥以亡。
夙興夜寐。洒掃庭內。維民之章。
修爾車馬。弓矢戎兵。
用戒戎作。用逖蠻方。

質爾人民。謹爾侯度。用戒不虞。
慎爾出話。敬爾威儀。無不柔嘉。
白圭之玷。尚可磨也。
斯言之玷。不可為也。

無易由言。無曰苟矣。
莫捫朕舌。言不可逝矣。
無言不讎。無德不報。
惠于朋友。庶民小子。
子孫繩繩。萬民靡不承。

視爾友君子。輯柔爾顏。不遐有愆。
相在爾室。尚不愧于屋漏。
無曰不顯。莫予云覯。
神之格思。不可度思。矧可射思。

辟爾為德。俾臧俾嘉。
淑慎爾止。不愆于儀。
不僭不賊。鮮不為則。
投我以桃。報之以李。
彼童而角。實虹小子。

荏染柔木。言緡之絲。
溫溫恭人。維德之基。
其維哲人。告之話言。順德之行。

其維愚人。覆謂我僭。民各有心。

於乎小子。未知臧否。
匪手攜之。言示之事。
匪面命之。言提其耳。
借曰未知。亦既抱子。
民之靡盈。誰夙知而莫成。

昊天孔昭。我生靡樂。
視爾夢夢。我心慘慘。
誨爾諄諄。聽我藐藐。
匪用為教。覆用為虐。
借曰未知。亦聿既耄。

於乎小子。告爾舊止。
聽用我謀。庶無大悔。
天方艱難。曰喪厥國。
取譬不遠。昊天不忒。
回遹其德。俾民大棘。

257 大雅·蕩之什·桑柔

菀彼桑柔。其下侯旬。
捋采其劉。瘼此下民。
不殄心憂。倉兄填兮。
倬彼昊天。寧不我矜。

四牡騤騤。旟旐有翩。
亂生不夷。靡國不泯。
民靡有黎。具禍以燼。
於乎有哀。國步斯頻。

國步蔑資。天不我將。

靡所止疑。云徂何往。
君子實維。秉心無競。
誰生厲階。至今為梗。

憂心慇慇。念我土宇。
我生不辰。逢天僤怒。
自西徂東。靡所定處。
多我覯痻。孔棘我圉。

為謀為毖。亂況斯削。
告爾憂恤。誨爾序爵。
誰能執熱。逝不以濯。
其何能淑。載胥及溺。

如彼遡風。亦孔之僾。
民有肅心。荓云不逮。
好是稼穡。力民代食。
稼穡維寶。代食維好。

天降喪亂。滅我立王。
降此蟊賊。稼穡卒痒。
哀恫中國。具贅卒荒。
靡有旅力。以念穹蒼。

維此惠君。民人所瞻。
秉心宣猶。考慎其相。
維彼不順。自獨俾臧。
自有肺腸。俾民卒狂。

瞻彼中林。甡甡其鹿。
朋友已譖。不胥以穀。
人亦有言。進退維谷。

維此聖人。瞻言百里。
維彼愚人。覆狂以喜。
匪言不能。胡斯畏忌。

維此良人。弗求弗迪。
維彼忍心。是顧是復。
民之貪亂。寧為荼毒。

大風有隧。有空大谷。
維此良人。作為式穀。
維彼不順。征以中垢。

大風有隧。貪人敗類。
聽言則對。誦言如醉。
匪用其良。覆俾我悖。

嗟爾朋友。予豈不知而作。
如彼飛蟲。時亦弋獲。
既之陰女。反予來赫。

民之罔極。職涼善背。
為民不利。如云不克。
民之回遹。職競用力。

民之未戾。職盜為寇。
涼曰不可。覆背善詈。
雖曰匪予。既作爾歌。

258 大雅·蕩之什·雲漢

倬彼雲漢。昭回于天。
王曰於乎。何辜今之人。
天降喪亂。饑饉薦臻。
靡神不舉。靡愛斯牲。

圭璧既卒。寧莫我聽。

旱既太甚。蘊隆蟲蟲。
不殄禋祀。自郊徂宮。
上下奠瘞。靡神不宗。
后稷不克。上帝不臨。
耗斁下土。寧丁我躬。

旱既太甚。則不可推。
兢兢業業。如霆如雷。
周餘黎民。靡有孑遺。
昊天上帝。則不我遺。
胡不相畏。先祖于摧。

旱既太甚。則不可沮。
赫赫炎炎。云我無所。
大命近止。靡瞻靡顧。
群公先正。則不我助。
父母先祖。胡寧忍予。

旱既太甚。滌滌山川。
旱魃為虐。如惔如焚。
我心憚暑。憂心如薰。
群公先正。則不我聞。
昊天上帝。寧俾我遯。

旱既太甚。黽勉畏去。
胡寧瘨我以旱。憯不知其故。
祈年孔夙。方社不莫。
昊天上帝。則不我虞。
敬恭明神。宜無悔怒。

旱既太甚。散無友紀。
鞫哉庶正。疚哉冢宰。
趣馬師氏。膳夫左右。
靡人不周。無不能止。
瞻卬昊天。云如何里。

瞻卬昊天。有嘒其星。
大夫君子。昭假無贏。
大命近止。無棄爾成。
何求為我。以戾庶正。
瞻卬昊天。曷惠其寧。

259 大雅·蕩之什·崧高

崧高維嶽。駿極于天。維嶽降神。生甫及申。
維申及甫。維周之翰。四國于蕃。四方于宣。

亹亹申伯。王纘之事。　于邑于謝。南國是式。
王命召伯。定申伯之宅。登是南邦。世執其功。

王命申伯。式是南邦。　因是謝人。以作爾庸。
王命召伯。徹申伯土田。
王命傅御。遷其私人。

申伯之功。召伯是營。有俶其城。寢廟既成。
既成藐藐。王錫申伯。四牡蹻蹻。鉤膺濯濯。

王遣申伯。路車乘馬。我圖爾居。莫如南土。
錫爾介圭。以作爾寶。
往近王舅。南土是保。

申伯信邁。王餞于郿。
申伯還南。謝于誠歸。
王命召伯。徹申伯土疆。以峙其粻。式遄其行。

申伯番番。既入于謝。徒御嘽嘽。
周邦咸喜。戎有良翰。
不顯申伯。王之元舅。文武是憲。

申伯之德。柔惠且直。揉此萬邦。聞于四國。
吉甫作誦。其詩孔碩。其風肆好。以贈申伯。

260 大雅·蕩之什·烝民

天生烝民。有物有則。
民之秉彝。好是懿德。
天監有周。昭假于下。
保茲天子。生仲山甫。

仲山甫之德。柔嘉維則。
令儀令色。小心翼翼。
古訓是式。威儀是力。
天子是若。明命使賦。

王命仲山甫。式是百辟。
纘戎祖考。王躬是保。出納王命。
王之喉舌。賦政于外。四方爰發。

肅肅王命。仲山甫將之。
邦國若否。仲山甫明之。
既明且哲。以保其身。
夙夜匪解。以事一人。

人亦有言。柔則茹之。剛則吐之。
維仲山甫。柔亦不茹。剛亦不吐。
不侮矜寡。不畏強禦。

人亦有言。德輶如毛。
民鮮克舉之。我儀圖之。

維仲山甫舉之。愛莫助之。
衮職有闕。維仲山甫補之。

仲山甫出祖。四牡業業。
征夫捷捷。每懷靡及。
四牡彭彭。八鸞鏘鏘。
王命仲山甫。城彼東方。

四牡騤騤。八鸞喈喈。
仲山甫徂齊。式遄其歸。
吉甫作誦。穆如清風。
仲山甫永懷。以慰其心。

261 大雅·蕩之什·韓奕

奕奕梁山。維禹甸之。有倬其道。
韓侯受命。王親命之。纘戎祖考。
無廢朕命。夙夜匪解。虔共爾位。
朕命不易。榦不庭方。以佐戎辟。

四牡奕奕。孔修且張。
韓侯入覲。以其介圭。
入覲于王。王錫韓侯。
淑旂綏章。簟茀錯衡。
玄衮赤舄。鉤膺鏤錫。
鞹鞃淺幭。鞗革金厄。

韓侯出祖。出宿于屠。
顯父餞之。清酒百壺。
其殽維何。炰鱉鮮魚。
其蔌維何。維筍及蒲。
其贈維何。乘馬路車。

籩豆有且。侯氏燕胥。

韓侯取妻。汾王之甥。
蹶父之子。韓侯迎止。于蹶之里。
百兩彭彭。八鸞鏘鏘。不顯其光。
諸娣從之。祁祁如雲。
韓侯顧之。爛其盈門。

蹶父孔武。靡國不到。
為韓姞相攸。莫如韓樂。
孔樂韓土。川澤訏訏。
魴鱮甫甫。麀鹿噳噳。
有熊有羆。有貓有虎。
慶既令居。韓姞燕譽。

溥彼韓城。燕師所完。
以先祖受命。因時百蠻。
王錫韓侯。其追其貊。
奄受北國。因以其伯。
實墉實壑。實畝實籍。
獻其貔皮。赤豹黃羆。

262 大雅·蕩之什·江漢

江漢浮浮。武夫滔滔。
匪安匪遊。淮夷來求。
既出我車。既設我旟。
匪安匪舒。淮夷來鋪。

江漢湯湯。武夫洸洸。
經營四方。告成于王。
四方既平。王國庶定。

時靡有爭。王心載寧。

江漢之滸。王命召虎。
式辟四方。徹我疆土。
匪疚匪棘。王國來極。
于疆于理。至于南海。

王命召虎。來旬來宣。
文武受命。召公維翰。
無曰予小子。召公是似。
肇敏戎公。用錫爾祉。

釐爾圭瓚。秬鬯一卣。
告于文人。錫山土田。
于周受命。自召祖命。
虎拜稽首。天子萬年。

虎拜稽首。對揚王休。
作召公考。天子萬壽。
明明天子。令聞不已。
矢其文德。洽此四國。

263 大雅·蕩之什·常武

赫赫明明。王命卿士。
南仲大祖。大師皇父。
整我六師。以修我戎。
既敬既戒。惠此南國。

王謂尹氏。命程伯休父。
左右陳行。戒我師旅。
率彼淮浦。省此徐土。
不留不處。三事就緒。

赫赫業業。有嚴天子。
王舒保作。匪紹匪遊。
徐方繹騷。震驚徐方。
如雷如霆。徐方震驚。

王奮厥武。如震如怒。
進厥虎臣。闞如虓虎。
鋪敦淮濆。仍執醜虜。
截彼淮浦。王師之所。

王旅嘽嘽。如飛如翰。
如江如漢。如山之苞。
如川之流。緜緜翼翼。
不測不克。濯征徐國。

王猶允塞。徐方既來。
徐方既同。天子之功。
四方既平。徐方來庭。
徐方不回。王曰還歸。

264 大雅·蕩之什·瞻卬

瞻卬昊天。則不我惠。
孔填不寧。降此大厲。
邦靡有定。士民其瘵。
蟊賊蟊疾。靡有夷屆。
罪罟不收。靡有夷瘳。

人有土田。女反有之。
人有民人。女覆奪之。
此宜無罪。女反收之。
彼宜有罪。女覆說之。

哲夫成城。哲婦傾城。
懿厥哲婦。為梟為鴟。
婦有長舌。維厲之階。
亂匪降自天。生自婦人。
匪教匪誨。時維婦寺。

鞫人忮忒。譖始竟背。
豈曰不極。伊胡為慝。
如賈三倍。君子是識。
婦無公事。休其蠶織。

天何以刺。何神不富。
舍爾介狄。維予胥忌。
不弔不祥。威儀不類。
人之云亡。邦國殄瘁。

天之降罔。維其優矣。
人之云亡。心之憂矣。
天之降罔。維其幾矣。
人之云亡。心之悲矣。

觱沸檻泉。維其深矣。
心之憂矣。寧自今矣。
不自我先。不自我後。
藐藐昊天。無不克鞏。
無忝皇祖。式救爾後。

265 大雅·蕩之什·召旻

旻天疾威。天篤降喪。瘨我饑饉。
民卒流亡。我居圉卒荒。

天降罪罟。蟊賊內訌。

昏椓靡共。潰潰回遹。實靖夷我邦。

皋皋訿訿。曾不知其玷。
兢兢業業。孔填不寧。我位孔貶。

如彼歲旱。草不潰茂。如彼棲苴。
我相此邦。無不潰止。

維昔之富。不如時。
維今之疚。不如茲。
彼疏斯粺。胡不自替。職兄斯引。

池之竭矣。不云自頻。
泉之竭矣。不云自中。
溥斯害矣。職兄斯弘。不災我躬。

昔先王受命。有如召公。
日辟國百里。今也日蹙國百里。
於乎哀哉。維今之人。不尚有舊。

266 周頌·清廟

於穆清廟。肅雝顯相。
濟濟多士。秉文之德。
對越在天。駿奔走在廟。
不顯不承。無射於人斯

267 周頌·維天之命

維天之命。於穆不已。
於乎不顯。文王之德之純。

假以溢我。我其收之。
駿惠我文王。曾孫篤之。

268 周頌·維清

維清緝熙。文王之典。肇禋。
迄用有成。維周之禎。

269 周頌·烈文

烈文辟公。錫茲祉福。
惠我無疆。子孫保之。

無封靡于爾邦。維王其崇之。
念茲戎功。繼序其皇之。

無競維人。四方其訓之。
不顯維德。百辟其刑之。
於乎前王不忘。

270 周頌·天作

天作高山。
大王荒之。彼作矣。
文王康之。彼徂矣。
岐有夷之行。子孫保之。

271 周頌·昊天有成命

昊天有成命。二后受之。
成王不敢康。夙夜基命宥密。
於緝熙。單厥心。肆其靖之。

272 周頌·我將

我將我享。維羊維牛。維天其右之。

儀式刑文王之典。日靖四方。
伊嘏文王。既右饗之。

我其夙夜。畏天之威。于時保之。

273 周頌·時邁

時邁其邦。昊天其子之。

實右序有周。薄言震之。
莫不震疊。懷柔百神。及河喬嶽。
允王維后。

明昭有周。式序在位。
載戢干戈。載櫜弓矢。
我求懿德。肆于時夏。
允王保之。

274 周頌·執競

執競武王。無競維烈。
不顯成康。上帝是皇。

自彼成康。奄有四方。斤斤其明。

鐘鼓喤喤。磬筦將將。降福穰穰。

降福簡簡。威儀反反。
既醉既飽。福祿來反。

275 周頌·思文

思文后稷。克配彼天。
立我烝民。莫匪爾極。
貽我來牟。帝命率育。
無此疆爾界。陳常于時夏。

276 周頌·臣工

嗟嗟臣工。敬爾在公。

王釐爾成。來咨來茹。

嗟嗟保介。維莫之春。
亦又何求。如何新畬。
於皇來牟。將受厥明。
明昭上帝。迄用康年。
命我衆人。庤乃錢鎛。
奄觀銍艾。

277 周頌·噫嘻

噫嘻成王。既昭假爾。
率時農夫。播厥百穀。
駿發爾私。終三十里。
亦服爾耕。十千維耦。

278 周頌·振鷺

振鷺于飛。于彼西雝。
我客戾止。亦有斯容。
在彼無惡。在此無斁。
庶幾夙夜。以永終譽。

279 周頌·豐年

豐年多黍多稌。
亦有高廩。萬億及秭。
為酒為醴。烝畀祖妣。
以洽百禮。降福孔皆。

280 周頌·有瞽

有瞽有瞽。在周之庭。
設業設虡。崇牙樹羽。

應田縣鼓。鞉磬柷圉。
既備乃奏。簫管備舉。

喤喤厥聲。肅雝和鳴。先祖是聽。
我客戾止。永觀厥成。

281 周頌·潛

猗與漆沮。潛有多魚。
有鱣有鮪。鰷鱨鰋鯉。
以享以祀。以介景福。

282 周頌·雝

有來雝雝。至止肅肅。
相維辟公。天子穆穆。

於薦廣牡。相予肆祀。
假哉皇考。綏予孝子。

宣哲維人。文武維后。
燕及皇天。克昌厥後。

綏我眉壽。介以繁祉。
既右烈考。亦右文母。

283 周頌·載見

載見辟王。曰求厥章。
龍旂陽陽。和鈴央央。
鞗革有鶬。休有烈光。

率見昭考。以孝以享。

以介眉壽。永言保之。
思皇多祜。烈文辟公。
綏以多福。俾緝熙于純嘏。

284 周頌·有客

有客有客。亦白其馬。
有萋有且。敦琢其旅。

有客宿宿。有客信信。
言授之縶。以縶其馬。

薄言追之。左右綏之。
既有淫威。降福孔夷。

285 周頌·武

於皇武王。無競維烈。
允文文王。克開厥後。
嗣武受之。勝殷遏劉。
耆定爾功。

286 周頌·閔予小子

閔予小子。遭家不造。嬛嬛在疚。
於乎皇考。永世克孝。

念兹皇祖。陟降庭止。
維予小子。夙夜敬止。

於乎皇王。繼序思不忘。

287 周頌·訪落

訪予落止。率時昭考。
於乎悠哉。朕未有艾。
將予就之。繼猶判渙。
維予小子。未堪家多難。
紹庭上下。陟降厥家。
休矣皇考。以保明其身

288 周頌·敬之

敬之敬之。天維顯思。
命不易哉。無曰高高在上。
陟降厥士。日監在茲。

維予小子。不聰敬止。
日就月將。學有緝熙于光明。
佛時仔肩。示我顯德行。

289 周頌·小毖

予其懲。而毖後患。
莫予荓蜂。自求辛螫。
肇允彼桃蟲。拚飛維鳥。
未堪家多難。予又集于蓼。

290 周頌·載芟

載芟載柞。其耕澤澤。

千耦其耘。徂隰徂畛。

侯主侯伯。侯亞侯旅。侯強侯以。
有嗿其饁。思媚其婦。有依其士。
有略其耜。俶載南畝。

播厥百穀。實函斯活。

驛驛其達。有厭其傑。

厭厭其苗。緜緜其麃。

載穫濟濟。有實其積。萬億及秭。
為酒為醴。烝畀祖妣。以洽百禮。

有飶其香。邦家之光。

有椒其馨。胡考之。

匪且有且。匪今斯今。振古如兹。

291 周頌·良耜

畟畟良耜。俶載南畝。

播厥百穀。寔函斯活。

或來瞻女。載筐及筥。其饟伊黍。

其笠伊糾。其鎛斯趙。以薅荼蓼。

荼蓼朽止。黍稷茂止。

穫之挃挃。積之栗栗。

其崇如墉。其比如櫛。以開百室。

百室盈止。婦子止。

殺時犉牡。有捄其角。

以似以續。續古之人。

292 周頌·絲衣

絲衣其紑。載弁俅俅。

自堂徂基。自羊徂牛。鼐鼎及鼒。

兕觥其觩。旨酒思柔。

吳不敖。胡考之休。

293 周頌·酌（汋）

於鑠王師。遵養時晦。

時純熙矣。是用大介。

我龍受之。蹻蹻王之造。

載用有嗣。實維爾公。允師。

綏萬邦。婁豐年。天命匪解。
桓桓武王。保有厥士。
于以四方。克定厥家。
於昭于天。皇以間之。

295 周頌·賚

文王既勤止。我應受之。敷時繹思。
我徂維求定。時周之命。於繹思。

296 周頌·般

於皇時周。陟其高山。
嶞山喬嶽。允猶翕河。
敷天之下。裒時之對。
時周之命。

297 魯頌·駉

駉駉牡馬。在坰之野。
薄言駉者。有驈有皇。
有驪有黃。以車彭彭。
思無疆。思馬斯臧。

駉駉牡馬。在坰之野。
薄言駉者。有騅有駓。
有騂有騏。以車伾伾。
思無期。思馬斯才。

駉駉牡馬。在坰之野。
薄言駉者。有驒有駱。
有駵有雒。以車繹繹。

思無斁。思馬斯作。

駉駉牡馬。在坰之野。
薄言駉者。有駰有騢。
有驔有魚。以車祛祛。
思無邪。思馬斯徂。

298 魯頌·有駜

有駜有駜。駜彼乘黃。
夙夜在公。在公明明。
振振鷺。鷺于下。
鼓咽咽。醉言舞。
于胥樂兮。

有駜有駜。駜彼乘牡。
夙夜在公。在公飲酒。
振振鷺。鷺于飛。
鼓咽咽。醉言歸。
于胥樂兮。

有駜有駜。駜彼乘駽。
夙夜在公。在公載燕。
自今以始。歲其有。
君子有穀。詒孫子。
于胥樂兮。

299 魯頌·泮水

思樂泮水。薄采其芹。
魯侯戾止。言觀其旂。
其旂茷茷。鸞聲噦噦。
無小無大。從公于邁。

思樂泮水。薄采其藻。
魯侯戾止。其馬蹻蹻。
其馬蹻蹻。其音昭昭。
載色載笑。匪怒伊教。

思樂泮水。薄采其茆。
魯侯戾止。在泮飲酒。
既飲旨酒。永錫難老。
順彼長道。屈此群醜。

穆穆魯侯。敬明其德。
敬慎威儀。維民之則。
允文允武。昭假烈祖。
靡有不孝。自求伊祜。

明明魯侯。克明其德。
既作泮宮。淮夷攸服。
矯矯虎臣。在泮獻馘。
淑問如皋陶。在泮獻囚。

濟濟多士。克廣德心。
桓桓于征。狄彼東南。
烝烝皇皇。不吳不揚。
不告于訩。在泮獻功。

角弓其觩。束矢其搜。
戎車孔博。徒御無斁。
既克淮夷。孔淑不逆。
式固爾猶。淮夷卒獲。

翩彼飛鴞。集于泮林。
食我桑黮。懷我好音。

憬彼淮夷。來獻其琛。
元龜象齒。大賂南金。

300 魯頌·閟宮

閟宮有侐。實實枚枚。
赫赫姜嫄。其德不回。
上帝是依。無災無害。彌月不遲。
是生后稷。降之百福。
黍稷重穋。稙穉菽麥。
奄有下國。俾民稼穡。
有稷有黍。有稻有秬。
奄有下土。纘禹之緒。

后稷之孫。實維大王。
居岐之陽。實始翦商。
至于文武。纘大王之緒。
致天之屆。于牧之野。
無貳無虞。上帝臨女。
敦商之旅。克咸厥功。
王曰叔父。建爾元子。
俾侯于魯。大啟爾宇。為周室輔。

乃命魯公。俾侯于東。
錫之山川。土田附庸。
周公之孫。莊公之子。
龍旂承祀。六轡耳耳。
春秋匪解。享祀不忒。
皇皇后帝。皇祖后稷。
享以騂犧。是饗是宜。降福既多。
周公皇祖。亦其福女。

秋而載嘗。夏而楅衡。
白牡騂剛。犧尊將將。
毛炰胾羹。籩豆大房。
萬舞洋洋。孝孫有慶。
俾爾熾而昌。俾爾壽而臧。
保彼東方。魯邦是常。
不虧不崩。不震不騰。
三壽作朋。如岡如陵。

公車千乘。朱英綠縢。二矛重弓。
公徒三萬。貝冑朱綅。烝徒增增。
戎狄是膺。荊舒是懲。則莫我敢承。
俾爾昌而熾。俾爾壽而富。
黃髮台背。壽胥與試。
俾爾昌而大。俾爾耆而艾。
萬有千歲。眉壽無有害。

泰山巖巖。魯邦所詹。
奄有龜蒙。遂荒大東。至于海邦。
淮夷來同。莫不率從。魯侯之功。

保有鳧繹。遂荒徐宅。至于海邦。
淮夷蠻貊。及彼南夷。莫不率從。
莫敢不諾。魯侯是若。

天錫公純嘏。眉壽保魯。
居常與許。復周公之宇。
魯侯燕喜。令妻壽母。
宜大夫庶士。邦國是有。
既多受祉。黃髮兒齒。

徂來之松。新甫之柏。

是斷是度。是尋是尺。
松桷有舃。路寢孔碩。
新廟奕奕。奚斯所作。
孔曼且碩。萬民是若。

301 商頌·那

猗與那與。置我鞉鼓。
奏鼓簡簡。衎我烈祖。

湯孫奏假。綏我思成。
鞉鼓淵淵。嘒嘒管聲。
既和且平。依我磬聲。
於赫湯孫。穆穆厥聲。

庸鼓有斁。萬舞有奕。
我有嘉客。亦不夷懌。

自古在昔。先民有作。
溫恭朝夕。執事有恪。

顧予烝嘗。湯孫之將。

302 商頌·烈祖

嗟嗟烈祖。有秩斯祜。
申錫無疆。及爾斯所。

既載清酤。賚我思成。
亦有和羹。既戒既平。
鬷假無言。時靡有爭。
綏我眉壽。黃耇無疆。

約軧錯衡。八鸞鶬鶬。
以假以享。我受命溥將。

自天降康。豐年穰穰。
來假來饗。降福無疆。
顧予烝嘗。湯孫之將。

303 商頌·玄鳥

天命玄鳥。降而生商。
宅殷土芒芒。古帝命武湯。正域彼四方。

方命厥后。奄有九有。
商之先后。受命不殆。在武丁孫子。

武丁孫子。武王靡不勝。
龍旂十乘。大糦是承。

邦畿千里。維民所止。肇域彼四海。

四海來假。來假祁祁。
景員維河。殷受命咸宜。百祿是何。

304 商頌·長發

濬哲維商。長發其祥。
洪水芒芒。禹敷下土方。
外大國是疆。幅隕既長。
有娀方將。帝立子生商。

玄王桓撥。受小國是達。
受大國是達。率履不越。
遂視既發。相土烈烈。海外有截。

帝命不違。至於湯齊。
湯降不遲。聖敬日躋。
昭假遲遲。上帝是祗。帝命式于九圍。

受小球大球。為下國綴旒。何天之休。

不競不絿。不剛不柔。
敷政優優。百祿是遒。

受小共大共。為下國駿厖。
何天之龍。敷奏其勇。
不震不動。不戁不竦。百祿是總。

武王載旆。有虔秉鉞。
如火烈烈。則莫我敢曷。
苞有三蘖。莫遂莫達。九有有截。
韋顧既伐。昆吾夏桀。

昔在中葉。有震且業。
允也天子。降予卿士。
實維阿衡。實左右商王。

305 商頌·殷武

撻彼殷武。奮伐荊楚。
罙入其阻。裒荊之旅。
有截其所。湯孫之緒。

維女荊楚。居國南鄉。
昔有成湯。自彼氐羌。
莫敢不來享。莫敢不來王。曰商是常。

天命多辟。設都于禹之績。
歲事來辟。勿予禍適。稼穡匪解。

天命降監。下民有嚴。
不僭不濫。不敢怠遑。
命于下國。封建厥福。

商邑翼翼。四方之極。

赫赫厥聲。濯濯厥靈。
壽考且寧。以保我後生。

陟彼景山。松柏丸丸。
是斷是遷。方斲是虔。
松桷有梴。旅楹有閑。寢成孔安。

Also Available from JiaHu Books

易經 – 9781909669383

春秋左氏傳 - 9781909669390

尚書 – 9781909669635

莊子 – 9781784350277

孟子 – 9781784350284

禮記- 9781784350437

Truyện Kiều – 9781784350185

अभीज्ञानशाकुन्ताकम्- Recognition of Sakuntala (Sanskrit) – 9781909669192

Bhagavad Gita (Sanskrit) - 9781909669178

Πολιτεία – 9781909669482

The Early Dialogues – Apology to Lysis – 9781909669888

Ιλιάς - 9781909669222

Οδύσσεια - 9781909669260

Ἀνάβασις - 9781909669321

Μήδεια – Βάκχαι – 9781909669765

Νεφέλαι – Λυσιστράτη – 9781909669956

Ιστορίαι – 9781909669710

Φιλιππικός Ολυνθιακός - 9781784350208

De rerum natura – Lucretius

Metamorphoses – Ovid (Latin)

Satyricon - Gaius Petronius Arbiter (Latin)

Metamorphoses – Asinus Aureus (Latin)

Plays of Terence (Latin)

Plays of Plautus (Latin)

Complete Works of Pliny the Younger (Latin)

Philippicae (Latin)
Egils Saga (Old Norse)
Egils Saga (Icelandic)
Brennu-Njáls saga (Icelandic)
Laxdæla Saga (Icelandic)

www.ingramcontent.com/pod-product-compliance
Lightning Source LLC
Chambersburg PA
CBHW032133040426
42449CB00005B/213
* 9 7 8 1 7 8 4 3 5 0 4 4 4 *